W0240780

Neues ***Design*** für ***Trödel*** & Co.

Julie Collins

Neues *Design* für *Trödel* & Co.

Kreative Ideen zum Aufmöbeln

BLV

Die Deutsche Bibliothek – CIP-Einheitsaufnahme

Neues Design für Trödel & Co : kreative Ideen zum Aufmöbeln /
Julie Collins. [Übers. aus dem Engl.:
Alexandra Zemann. Fotos von Graeme Ainscough]. –
München ; Wien ; Zürich : BLV , 1997
Einheitssacht.: New style for old junk <dt.>
ISBN 3-405-15257-7

Dieses Buch ist meiner talentierten Großmutter, Zilpah Louisa Clother, gewidmet, die mich dazu inspiriert hat, kreativ tätig zu werden.

Auch meiner Mutter Thelma Collins, durch deren Hilfe, Unterstützung und Ermutigung ich in der Lage war, zu arbeiten und dieses Buch zu verfassen, möchte ich meinen Dank und meine Liebe aussprechen. Außerdem danke ich meinen Freunden Peter White, Jane Hutchinson und Mark Harris für ihre Hilfe.

BLV Verlagsgesellschaft mbH
München Wien Zürich
80797 München

Titel der englischen Originalausgabe:
NEW STYLE FOR OLD JUNK
© Merehurst Limited 1996
erschienen bei Merehurst Limited,
Ferry House, 51–57 Lacy Road, London SW15 1PR

Alle Fotos von Graeme Ainscough, außer S. 28, 30, 75, 76, 77, 82, 83:
Abdruck der Fotos mit freundlicher Genehmigung von Home Fair

Deutschsprachige Ausgabe:
© 1997 BLV Verlagsgesellschaft mbH, München

Das Werk einschließlich aller seiner Teile ist urheberrechtlich geschützt. Jede Verwertung außerhalb der engen Grenzen des Urheberrechtsgesetzes ist ohne Zustimmung des Verlages unzulässig und strafbar. Das gilt insbesondere für Vervielfältigungen, Übersetzungen, Mikroverfilmungen und die Einspeicherung und Verarbeitung in elektronischen Systemen.

Produktionsbetreuung: Print Company Verlagsges.m.b.H., Margaretenstr. 87, 1050 Wien
Übersetzung aus dem Englischen: Alexandra Zemann
Lektorat: Edith Poor
Satz und DTP: Kaltenbrunner+Dorfinger OEG
Einbandgestaltung: Sander & Krause Werbeagentur, München
Einbandfoto: Graeme Ainscough

Printed in Italy by Olivotto: ISBN 3-405-15257-7

Inhalt

Einleitung

Ich erbte meine Vorliebe für staubige, angeräumte Trödelläden von meiner Großmutter und auch von meiner Mutter und erinnere mich, wie ich oft aufgeregt vor einem Pfarrhaus wartete, in dem ein Flohmarkt stattfinden sollte. Wenn sich die Tore öffneten, war ich sofort mitten im Gewühl, und mein erstes Interesse galt immer den Altwaren, wo ich um ein paar Groschen wunderbare Schätze fand, die nicht selten in riesigen Pappkartons voller Krimskrams verborgen waren. Ich kaufte Holzkästchen, Bilder, altes Spielzeug und Bücher, und manchmal stieß ich, ohne es zu wissen, sogar auf echte Antiquitäten. Die Aufregung war noch größer, wenn wir zu Hause unsere Kostbarkeiten auspackten. Dann betrachtete ich die Stücke, die ich ergattert hatte, reinigte und polierte sie mit größter Sorgfalt, um sie voll Stolz auf den Regalen in meinem Zimmer auszustellen. Ich habe niemals meine Freude an der Schnäppchensuche verloren. Als ich älter wurde, durchstöberte ich mit meiner Mutter regelmäßig die Trödelläden und ließ auch keinen Flohmarkt aus.

In unserem Haus gab es immer viele handwerkliche Aktivitäten, und ich lernte schon sehr früh nähen, stricken, häkeln und malen, da sowohl meine Mutter als auch meine Großmutter uns immer anhielten, dies ebenfalls zu erlernen, während mein Vater Skizzen zeichnete und malte. Ich erinnere mich speziell daran, wie ich mit meiner Großmutter Engel aus Pappe ausschnitt, sie mit Glitter überzog und danach die Gesichter aufmalte. Großmutter besuchte zahlreiche Kurse, wo sie Teppiche, Gardinen, Modewaren, Flechtkörbe und -tabletts, Zinkrahmen und Lederhandschuhe anfertigte. Während der Schulferien bastelten meine Schwester und ich mit Großmutters Hilfe unsere eigenen Stücke. Mein Großvater war Schilder- und Holzmaler und konnte schmucklose Türen maserieren, daß sie wie Ahorn, Eiche oder ein anderes Holz wirkten. Voller Staunen beobachtete ich, wie er seinen Daumen in Öl oder Lasur tauchte und mit einer einfachen Drehung einen täuschend echten Knoten ins Holz zauberte. Er war von seinem Vater im 19. Jahrhundert angelernt worden, als das Maserieren von Holz sehr beliebt war. Heute versuche ich, das Leben meiner Tochter ebenfalls mit Kreativität zu bereichern.

Als ich meine erste eigene Wohnung bekam, betrieb ich die Suche in den Trödelläden noch viel ernsthafter. Doch kam ich oft mit einem ziemlich unpraktischen Gegenstand nach Hause, in der Absicht, ihn in ein Designerstück zu verwandeln. Als meine Tochter neulich bei einem Flohmarkt einen Händler fragte, ob er ihr ein altes Holzkästchen für eine Mark überlassen würde, ohne daß ich sie dazu angestiftet hätte, stellte ich fest, daß sie meine Vorliebe für die Schnäppchenjagd geerbt hat.

Ich war im Showbusineß sehr erfolgreich und trat auf den Bühnen im Londoner West End und im Fernsehen auf. Da meine Arbeitszeiten flexibel waren, gestaltete ich zwischendurch meine eigene Wohnung sowie verschiedene Räume von Freunden und Verwandten und erlernte allmählich neue Techniken. Innenarchitekten und Designer, die meine professionellen Werke gesehen hatten, boten mir Aufträge an. Die Projekte im In- und Ausland reichten von kleinen Häusern bis zu großen Restaurants. Beim Entwerfen von Vorhängen und Beziehen von Möbelstücken wurde ich zu einem richtigen Profi, wobei ich viel aus Büchern dazulernte und praktische Tips sammelte.

Nach der Geburt meiner Tochter organisierte ein Freund für mich ein Gespräch mit der Herausgeberin von *Home Flair,* Dawn Leahey. Sie gab mir einen Artikel, in dem ich Schritt für Schritt über die Herstellung und Gestaltung meines großen Paravents berichtete. Ich hatte gerade eine Wohnung im Erdgeschoß eines viktorianischen Hauses gekauft, die in sehr schlechtem Zustand war, daher fragte ich, ob das Magazin daran interessiert sei, eine Serie herauszubringen, in der ich Schritt für Schritt die Totalsanierung der Wohnung vorstellte. Ich hatte nämlich vor, die gesamte Einrichtung aus Altwaren zusammenzustellen und für den Einkauf nur ein minimales Budget zu verwenden. So entstand meine Serie über Altwaren, die zur Entstehung dieses Buches geführt hat.

Während dieser Zeit erhielt ich den Auftrag, das Innere eines Restaurants zu gestalten. Im Zuge dieser Arbeiten restaurierte ich auch 80 alte Kirchenstühle, die ich abschliff, reparierte, mit Handmalereien veredelte und so strich, daß sie alt und rissig wirkten. All diese Techniken werden ebenfalls in diesem Buch vorgestellt.

Ich war äußerst stolz, als ich zusammen mit einem früheren Geschäftspartner eine Einladung zu einer Besprechung in der Albert Hall erhielt, bei der es darum ging, die großartigen viktorianischen Schablonenmalereien zu restaurieren, die einst das Treppenhaus schmückten und nun unter vielen Farbschichten verborgen waren. Ich wurde auch in den Keller geführt, wo ich noch Überreste von Schablonen fand, die als Vorlage für eine neue Malerei Verwendung fanden. Wir wurden daraufhin beauftragt, diese Restaurierungsarbeiten im gesamten Treppenhaus vorzunehmen.

Der Kreis hat sich geschlossen, da ich nun, nachdem ich mich in den letzten elf Jahren mit Innenarchitektur beschäftigt habe, wieder im Fernsehen auftrete, und zwar als Designerin und Spezialistin für die Behandlung alter Möbel.

Ich hoffe, daß ich, die selbst keine offizielle Ausbildung auf diesem Gebiet genossen hat, meinen Erfolg mit Ihnen teilen und Sie dabei bestärken kann, etwas Neues auszuprobieren, immer bessere Schnäppchen zu entdecken, die in diesem Buch vorgestellten Projekte auszuführen und Ihre eigenen Designerstücke zu gestalten.

Wo findet man Altwaren?

Beim Kauf alter Möbel ist Form und Zustand des Stückes das wichtigste. Es ist noch immer möglich, bei Altwarenhändlern, in Trödelläden, auf Straßen- und Flohmärkten wunderbare Möbelstücke zu entdecken, die bei Versteigerungen einen hohen Preis erzielen würden. Bei Häusern, die renoviert werden, habe ich auch schon schöne Türen, alte Spiegel und kleinere Gegenstände in den davor aufgestellten Sperrmüllcontainern gefunden, doch sollten Sie besser nachfragen, bevor Sie etwas mitnehmen. Wenn große Häuser saniert werden, werden oft wunderschöne Einrichtungsgegenstände entfernt und alte Armaturen herausgerissen, die dann irgendwo, mit einem Schild »Zu verkaufen« versehen, am Zaun lehnen. So fand ich kürzlich zwei große Heizkörperverkleidungen aus Vollholz, einen großen, ovalen Spiegel mit Holzrahmen, Fensterläden, große Bilderrahmen, Lloyd-Loom-Stühle und einen gußeisernen Kamin. Man muß sich öfters auf die Suche machen, Geduld haben, handeln und die Gegenstände sorgfältig inspizieren, um festzustellen, wie die Verarbeitung ist.

Läden für Alt- und Trödelwaren

Der beste Zeitpunkt für den Besuch eines Trödelladens ist das Wochenende, wenn der Händler mit dem Ausräumen eines Hauses oder Dachbodens beschäftigt ist und aufgrund von Platzmangel erpicht ist, die Stücke so rasch wie möglich zu verkaufen. Nehmen Sie sich die Zeit, den ganzen Laden zu durchstöbern und auch in versteckte Winkel und hinter Schränke zu schauen. Manchmal entdecken Sie vielleicht etwas, von dem Sie nicht sicher wissen, ob Sie es kaufen sollen. Sehen Sie sich das Stück genau an. Überlegen Sie, ob es seinen Zweck erfüllt, ob Sie es mögen und welche Verbesserungen man daran vornehmen könnte. Stellen Sie sich vor, wie das Stück aussehen könnte, wenn es fertig ist. Sie finden bald heraus, welche Händler gute Qualität und interessante Stücke zu einem realistischen Preis anbieten. Sobald Sie zu den Stammkunden zählen, erzielen Sie meist einen günstigeren Preis. Manchmal gelingt es mir sogar, einen Tausch auszuhandeln. Wenn Sie nicht allzu weit entfernt wohnen, können Sie meist auch eine kostenfreie Hauszustellung vereinbaren. Der Händler wird einen Pauschalpreis akzeptieren, sollten Sie gleich mehrere Stücke kaufen. Mit einer Anzahlung können Sie etwas auf die Seite legen lassen; denn Sie müssen bedenken, daß diese Läden gut besucht sind und das Angebot rasch wechselt. Oft war ich schon wütend auf mich selbst, wenn ich etwas nicht sofort erstanden habe und feststellen mußte, daß das Stück bereits weg war, als ich mich schließlich zum Kauf entschieden hatte. »Wer zögert, verliert« – muß Ihr Motto lauten.

Anzeigen in der Zeitung

Halten Sie in der Lokalzeitung Ausschau, ob das Inventar eines alten Hauses oder Dachbodens zum Kauf angeboten wird. Wenn ein Umzug bevorsteht, gibt es oft viele Dinge, die nicht ins neue Heim passen und daher verkauft werden. Es empfiehlt sich, vorher anzurufen, um herauszufinden, um welche Stücke es sich handelt, oder rechtzeitig hinzugehen. Ältere Leute ziehen oft von einem großen Haus in ein kleineres oder in eine Wohnung und besitzen zu viele Möbel, die man auf diese Weise billig erstehen kann. Häufig habe ich eine bestimmte Vorstellung von dem, was ich kaufen möchte, manchmal lasse ich mich einfach inspirieren. Stets bin ich auf der Suche nach kleinen Gegenständen, die ich neu gestalten und als Geschenk verwenden kann, wie zum Beispiel kleine Holzkästchen, Bilderrahmen, kleine Spiegel, Keramikgegenstände, Lampenschirme und -füße und alles, was mir gerade ins Auge sticht.

Garagenmärkte

Garagenmärkte werden in der Lokalzeitung und manchmal auch auf Plakaten angekündigt. Viele Leute ziehen es vor, alles in die Garage oder in den Garten zu stellen, damit sie es nicht irgendwohin bringen oder fremde Leute ins Haus lassen müssen. So können sie auch größere Gegenstände zum Verkauf anbieten. Ich habe schon oft einen solchen Markt besucht, zum Beispiel, wenn die Hausbesitzer ins Ausland übersiedelten und fast das gesamte Mobiliar loswerden wollten. Es lohnt sich jedenfalls, im Trödelkram nach Gegenständen wie Türgriffen oder Scharnieren zu suchen, die billig verkauft werden. Manchmal finden Sie genau das, was Sie suchen, und oft sind es auch diese kleinen Dinge, die sich auf die Kosten für ein ganzes Projekt auswirken. Vor kurzem entdeckte ich auf diese Weise einen kleinen Pappkarton, in dem sich zwölf neue, dekorative, kleine Messingtürgriffe befanden. Sie waren noch in Papier eingewickelt, und alle Befestigungsschrauben waren dabei. Für so etwas hätte ich im Laden ein Vielfaches bezahlt. Ich habe stets Verwendung für solche Dinge, und diese Schnäppchen sollte man sich auf keinen Fall entgehen lassen.

Flohmärkte

Flohmärkte sind sehr beliebt, und es gibt auch Märkte »aus dem Kofferraum«, bei denen manchmal zwei- bis dreihundert Autos zusammenkommen. Auf diese Weise werden die Leute Dinge los, die sie nicht mehr brauchen, weil sie beispielsweise umziehen. Neben nützlichen Kleinigkeiten habe ich schon erstaunlich günstige Stücke ergattert, wie etwa dekorative Zwischenwände, kleine, dekorative Stühle, Kaminschirme, Truhen, Holzkästchen, Lampen, Beleuchtungskörper und vieles mehr. Wenn ich das Gefühl habe, der Preis ist zu hoch, versuche ich zu handeln, doch meist sind die Preise angemessen. Es empfiehlt sich, vor Marktschluß noch einmal durchzugehen. Viele Händler möchten ihre Ware nicht wieder mit nach Hause nehmen und geben sie deshalb gegen Ende billiger her. Kürzlich lernte ich auf einem solchen Markt ein älteres Ehepaar kennen, das seine Garage ausgemustert hatte und alles verkaufte. Auf den ersten Blick entdeckte ich nichts Interessantes. Doch als ich mir die Dinge genauer ansah, fand ich eine Menge Holzstücke, die ich durchsah und feststellte, daß es sich um Eichen-, Kiefern- und Mahagoniholz handelte. Solche Stücke sind sehr nützlich, wenn man schöne, aber beschädigte Möbel restaurieren möchte. Sie kosten normalerweise viel, daher nahm ich sie gleich mit und konnte einige davon bereits verwenden, um ein beschädigtes Stück wieder wie neu zu machen, und das zu einem äußerst geringen Preis. Auf dem gleichen Markt fand ich auch eine Truhe mit alten Einfassungen, Möbelfüßen aus Holz, vier alten Gewürzständern aus Messing und einem mit Schnitzereien verziertem Holzstück. Ich bin sicher, all diese Gegenstände gut verwerten zu können. Ein anderes Mal entdeckte ich bei Marktschluß in einer Kiste einen großen Löwenkopf-Türklopfer aus Messing. Der Besitzer meinte, ich könnte die ganze Kiste für 2,50 Mark mitnehmen. Zu Hause stellte ich fest, daß sie außerdem noch ein vollständiges, hochwertiges Set mit Türdekorationen aus Messing enthielt, darunter auch ein Schild für Hausnummer 10. Ich war gerade dabei, mein neues Haus zu kaufen, das tatsächlich die Nummer 10 hatte. Diese Kiste war offensichtlich für mich bestimmt gewesen!

Versteigerungen

Lokale Versteigerungen stellen eine weitere gute Möglichkeit da, um Altwaren zu finden. Halten Sie in der Zeitung nach solchen Veranstaltungen Ausschau. Fahren Sie am Ansichtstag hin und machen Sie mit dem Versteigerungskatalog die Runde, um alles genau zu begutachten und zu entscheiden, bei welchen Stücken Sie mitbieten möchten. Sie werden nichts kaufen wollen, das von Fäule oder Holzwürmern befallen ist, aus minderwertigem Holz hergestellt oder schlecht repariert wurde. Legen Sie sich einen Preis zurecht und bleiben Sie dabei. Wenn Sie noch nie bei einer Versteigerung mitgemacht haben, sollten Sie zwei-, dreimal hingehen und nur zusehen, ohne sich zu beteiligen, um zu lernen, wie man am besten mitbietet. So erhalten Sie auch eine Vorstellung von den Preisen. Versteigerungen laufen so schnell ab, daß Sie am Ende vielleicht etwas ganz anderes erworben haben, als Sie ursprünglich kaufen wollten. Daher müssen Sie mit den Abläufen vertraut sein und das Stück, für das Sie sich interessieren, im Katalog anzeichnen. Hier erinnere ich mich an meine Tante, die bei einer Auktion einen großen Farbfernseher erwerben wollte. Als sie ihn nachher abholen wollte, mußte sie feststellen, daß sie die Nummern vertauscht und statt dessen eine große, alte Wäschetrommel gekauft hatte. Es war jedoch nicht alles verloren, denn ihr Mann verwandelte den Unterteil in einen massiven Gartentisch, bei dem er als Tischplatte eine alte Türe verwendete. – Die Kreativität liegt offensichtlich in der Familie.

Läden von Wohltätigkeitsorganisationen

Dort findet man sowohl jede Menge Trödel, Töpferwaren, Lampenschirme und andere Kleinigkeiten als auch größere Möbelstücke. Es kommen immer wieder neue Spenden herein, daher wechselt das Angebot häufig.

Kirchenmöbelhändler

Es gibt überall spezialisierte Händler, die Kirchenmöbel kaufen, wenn sie nicht mehr benötigt werden. Sie verfügen über große Lager und Fahrzeuge, und die Pfarren lassen oft jemanden kommen, der die Kirchenbänke ebenso mitnimmt wie große Mengen an Stühlen und manchmal auch Kanzeln, Chorpulte, Fenster, etc.

Lassen Sie Ihrer Phantasie freien Lauf, wenn Sie ein Stück betrachten – ein einfacher Beleuchtungskörper kann zu einem Kronleuchter werden, ein schmutziger, alter Holzschrank mit Schnitzereien zu einem dekorativen, bemalten Meisterwerk, eine alte Keramiklampe durch Malereien oder Schablonenarbeiten ein völlig neues Aussehen erhalten. Halten Sie stets nach Überresten alter Materialien, wie Tapisserien, Samt- und Brokatstoffen, Ausschau, mit denen man Sitze, Stühle und Kissen neu beziehen kann.

Was soll man kaufen?

Wenn Sie unerfahren im Erwerb von Second-Hand-Stücken sind, sollten Sie erst einige Altwarenläden und Märkte besuchen, um die Preise kennenzulernen. Gehen Sie zu einer lokalen Versteigerung, nehmen Sie einen Katalog zur Hand und notieren Sie die Preise, die erzielt werden. Dadurch erhalten Sie eine Vorstellung, wieviel die Dinge wert sind. Auf Versteigerungen finden Sie immer viele Händler, die Stücke für den Wiederverkauf suchen, daher sind die Preise meist niedriger als im Laden, außer es handelt sich um etwas besonders Wertvolles. Meist wird auch der niedrigste Preis angegeben, den der Besitzer bereit ist zu akzeptieren. Wenn ein Stück nicht sehr gefragt ist, können Sie es zu einem durchaus angemessenen Preis erwerben.

Prüfen Sie den Zustand

Wenn Sie sich für ein Möbelstück aus Holz interessieren, sollten Sie es genauestens untersuchen. Kontrollieren Sie, ob das Stück vom Holzwurm befallen ist. Man kann das leicht an den kleinen, runden, knapp nebeneinanderliegenden Löchern erkennen. Ist der Holzwurm noch aktiv, sehen die Löcher wie frisch gebohrt aus und zeigen rundherum etwas Sägemehl. Wenn Sie vom Holzwurm befallene Möbelstücke erwerben, müssen Sie diese mit einem entsprechenden Mittel behandeln. Am besten machen Sie das, bevor Sie das Stück in die Wohnung holen, damit nicht auch andere Möbel befallen werden.

Wenn das Holz trocken und rissig ist, die Maserung offen und die Hohlkehlen gesprungen und verbogen sind, hat das Stück möglicherweise im Regen oder an einem feuchten Platz gestanden. Wenn es nicht zu stark beschädigt ist, kann man es mit Leinöl einlassen, das vom Holz aufgesogen werden soll.

Die Böden der Möbelstücke sind manchmal schimmelig; wenn Sie das Holz mit den Fingern berühren, wird es pulverig und bröckelt. Es muß behandelt, die befallenen Teile herausgeschnitten und durch neues Holz ersetzt werden. Wenn das Stück sehr schimmelig ist, sollten Sie die Finger davon lassen, egal wie gut es Ihnen gefällt.

Alte Möbel haben meist Vollholzteile und sind für gewöhnlich äußerst robust. Die meisten Möbel aus Vollholz kann man abziehen, abschleifen oder streichen. Wenn kleinere Teile beschädigt sind oder fehlen, kontrollieren Sie, ob man an anderen, nicht sichtbaren Stellen, wie zum Beispiel an den Rückseiten der Laden, Holz abnehmen und die schadhaften Stellen damit ausbessern kann.

Abziehen und Schleifen

Um ein Stück zu kaufen, müssen Sie wissen, ob man es abziehen oder streichen kann. Holz, das mit dunkler Ölglanzfarbe gestrichen wurde, eignet sich für gewöhnlich nicht zum Abziehen, kann aber abgeschliffen und gestrichen werden. Dicke Grundierungen oder Voranstriche auf Ölbasis sind oft schwer zu entfernen, doch die meisten lackierten Flächen lassen sich leicht abziehen. Dafür steht eine Reihe guter Produkte zur Verfügung. Viele der neuen Farben kann man über anderen Farb- und Lackschichten auftragen, wenn das Stück richtig vorbehandelt wurde. Wenn bereits mehrere Farbschichten vorhanden sind, die womöglich noch unregelmäßig sind oder sich schälen, ist die Fläche wahrscheinlich nicht zum Streichen geeignet und muß erst abgezogen oder gut abgeschliffen werden.

Sie können ein Abbeizmittel und eine Spritzpistole verwenden und das Holz zusätzlich noch mit der Schleifmaschine bearbeiten. Man kann das Stück auch zu einem Fachmann bringen, der es in ein großes Gefäß mit Beizmittel taucht, doch können dadurch die Verleimungen und Verbindungen angegriffen werden. Vor dem Wachsen oder Streichen muß das Holz komplett trocknen und sorgfältig abgeschliffen werden. Mit Hilfe von Maltechniken lassen sich Unregelmäßigkeiten und fleckige Stellen ausgleichen; auch künstliche Abnutzungsspuren sind eine hervorragende Tarnung.

Beim Restaurieren alter Möbelstücke aus Holz ist es nicht erforderlich, die gesamte untere Farbschicht vor dem Auftragen der neuen Farbe zu entfernen. Es reicht aus, die Fläche so lange zu schleifen, bis sie glatt ist. Wenn man nach dem Schleifen einen Versiegeler aufträgt, kann man sichergehen, daß weder alte Farbe noch Unregelmäßigkeiten durchscheinen.

Maltechniken

Techniken, bei denen transparente Öl- oder Acryllasur aufgetragen wird, schaffen schöne Effekte auf fast allen Hölzern, wenn die Fläche ausreichend vorbehandelt wurde. Dafür eignen sich Grundierungen, Eierschalfarbe (die zur Hälfte aus Voranstrich und zur Hälfte aus Glanzfarbe besteht) oder strapazierfähige, seidenmatte Vinylanstriche. Mit Öllasur kann man auch Melamin, Formica und andere synthetische Flächen streichen, was mit Farben auf Acryl- oder Wasserbasis nicht möglich ist.
Die Farbenhersteller legen immer wieder Faltblätter auf, in denen man viele Anregungen für die Verwendung findet ebenso wie komplette Farbtabellen und nützliche Tips. Heute werden viele ungiftige, umweltfreundliche Alternativprodukte auf Acryl- oder Wasserbasis sowie Lasurmittel angeboten. Wenn Sie Acrylprodukte verwenden und trotzdem einen glänzenden Anstrich möchten, können Sie zusätzlich noch Acryllack auftragen.
Bei Verwendung von farbigem Lack, Möbelwachs oder dünner Lasurfarbe muß die Fläche gut vorbehandelt werden und ganz glatt sein oder eine hübsche Maser aufweisen, da diese Mittel transparent sind und jede Unregelmäßigkeit durchscheinen lassen.
Schablonenmalereien sind sehr populär geworden, und es gibt dafür eine Vielzahl an Farben und Sticks auf Öl- oder Wasserbasis sowie als rasch trocknende Acrylfarbe. Schablonenmalereien eignen sich für Täfelungen und glatte Flächen an Schränken, Truhen, Kommoden, Tischen etc. Selbst ein einfacher Tisch kann eine erstaunliche Wirkung hervorrufen, wenn er gestrichen, mittels Schablonen bemalt und lackiert wurde.

Möbelstücke lassen sich verwandeln

Möbel, die zwischen Mitte und Ende des 19. Jahrhunderts gebaut wurden, werden allgemein als viktorianisch bezeichnet. Aufwendig bemalte und verzierte Kommoden und Schränke zählen zu den klassischen Stücken dieser Epoche. Damals wurden sie in Massenproduktion für kleine Häuser und Landhäuser angefertigt, heute sind sie als Antiquitäten gefragt. In der viktorianischen Epoche kamen auch Möbel im Stil der Spätgotik, Renaissance und des Rokoko wieder in Mode. Hierbei handelte es sich um reich verzierte und mit Schnitzereien geschmückte Stücke aus Mahagoni- und Rosenholz. Wenn Sie ein Originalstück aus dieser Zeit besitzen, pflegen Sie es regelmäßig mit Wachs. Reproduktionen eignen sich jedoch hervorragend zum Streichen oder Kalken.
Sie können für wenig Geld einen großen Schrank kaufen, der oben flach ist (für gewöhnlich sind solche Schränke aus Eichenholz) und ihn mit Leichtigkeit in ein Meisterwerk des französischen Armoire-Stils des späten 18. Jahrhunderts verwandeln. Sie müssen ihn lediglich mit einem dekorativen Aufsatz versehen, mit Handmalereien verzieren und ein wenig antikisieren, d. h. abgenutzt aussehen lassen. Auf diese Weise können Sie ein ganzes Schlafzimmer mit Blumen- und Bogendesigns, Vergoldungen und durchbrochenen

Kanten neu gestalten. Diese Techniken eignen sich für Bücherregale, Hocker, Tischchen, Paravents und vieles mehr.
Skandinavische Schränke besaßen ebenfalls Aufsätze, wenn auch nicht so reich verzierte wie die französischen. Versuchen Sie auch den Stil der Kommoden nachzuahmen, welche deutsche Siedler in Pennsylvania im späten 18. Jahrhundert einführten. Sie bemalten Kiefernaturholz mit beliebten, volkstümlichen Motiven. Ähnliche Stücke aus der Schweiz und Österreich sind mit verschiedenen Malereien wie Blumen, Tieren und Schnörkel verziert. Es gibt zahlreiche Bücher mit Motiven aus der ganzen Welt. Lassen Sie sich davon inspirieren.
Ich habe eine besondere Vorliebe für hochwertige Möbel aus den fünfziger Jahren. Diese Stücke sind meist gut verarbeitet, formschön und nicht teuer. Mit Hilfe von Maltechniken, Schablonen- und Handmalereien kann man die Möbel alt aussehen lassen. In guten Holzläden erhalten Sie auch kleine Voluten, Verzierungen und Zierkanten aus Holz, die eine einfache Türe oder Kommode zu einem interessanten und raffinierten Stück machen. Es gibt auch Läden, die Ihr Design auf Bestellung anfertigen. Wenn Sie mit der Säge umgehen können, versuchen Sie Aufsätze selbst zuzuschneiden oder beauftragen Sie damit einen Tischler.

Lassen Sie Ihrer Phantasie freien Lauf

Vielleicht finden Sie in Ihrer Garage, dem Dachboden oder im Keller einen alten Schrank oder ein anderes langweiliges Möbelstück, dem ein neues Design gut stehen würde. Neues, unbehandeltes Holz oder andere kleine Dinge, egal ob alt oder neu, eignen sich ebenfalls zur Weiterverarbeitung.
Sehen Sie sich jeden Beleuchtungskörper genau an, bevor Sie ihn wegwerfen. Vielleicht läßt sich der Mittelteil einer alten Messing- oder Metalleuchte in einen eleganten Kronleuchter mit Grünspaneffekt verwandeln oder ein geschnitzter Holzlüster mit einer interessanten Farbe beizen. Ein alter Leuchtenfuß kann mit Hilfe von Schwammtechniken antikisiert, der Schirm dekorativ gestaltet werden. Glasschirme werden mit Eisblumeneffekten und Handmalereien aufgewertet. Vor kurzem verzierte ich einen alten, flötenförmigen Glasschirm mit handgemalten Blumensträußchen im viktorianischen Stil.
Besitzen Sie alte Krüge, Karaffen oder Gläser, die man neu gestalten könnte? Sobald diese mit einem neuen Design veredelt worden sind, eignen sie sich auch hervorragend als Geschenke, wenn Sie selbst keine Verwendung dafür haben.
Holzkästchen in jeder Größe sind relativ leicht zu finden und können mit vielen verschiedenen Techniken behandelt werden. Ich stelle in diesem Buch eine Malachitimitation vor, doch kann man auch Malereien, künstliche Abnutzung oder Découpage verwenden. So erhält man nützliche Kästchen für Nähutensilien und Schmuck oder wunderschöne, ganz persönliche Geschenke.

Begriffe und Techniken

Es erscheint wenig sinnvoll, erst nach einem günstigen Werkstück zu suchen und dann eine Menge Geld für die Arbeitsgeräte auszugeben, daher werden in diesem Kapitel die wichtigsten Materialien vorgestellt. Einiges haben Sie vielleicht bereits zu Hause, und die paar Dinge, die Sie kaufen müssen, können immer wieder verwendet werden.

Lagern Sie die Produkte immer entsprechend den Herstellerhinweisen, um eine lange Lebensdauer zu gewährleisten.

Probieren Sie neue Maltechniken erst auf einer Faserplatte aus, die mehrmals verwendet werden kann. Wenn Sie mit dem Ergebnis zufrieden und in der Ausführung sicher sind, können Sie mit dem eigentlichen Werkstück beginnen. Öl- und Acryllasur kann man mit einem feuchten Lappen und Testbenzin (Terpentinersatz) wieder abwischen und danach die Farbe erneut auftragen. Bei einem zu geringen Farbauftrag warten Sie, bis die Lasur trocken ist, bevor Sie die Stelle ausbessern. Sonst wischen Sie die aufgetragene Farbe wieder ab, und ein unschöner Fleck entsteht.

- Abbeizmittel

Es gibt eine Vielzahl von Abbeizmitteln, die überall erhältlich sind. Bezüglich ihrer Verwendung beachten Sie bitte die Herstellerhinweise.

- Acryllack auf Wasserbasis

Dieser Lack hält lange, wird im Laufe der Zeit nicht gelbstichig und trocknet rasch. Er ist daher ideal, wenn man eine Arbeit rasch fertigstellen möchte. Acryllack ist matt, eierschalfarben oder glänzend erhältlich und wird am besten mit einem Acrylpinsel aufgetragen.

- Acryllasurmittel

Alternativ zu transparenter Öllasur kann Acryllasurmittel mit Emulsions- und Künstlerfarben auf Acrylbasis, Pigmentpulver oder Farbe gemischt werden.
Die Verwendung wird auf dem Behälter ausführlich erklärt, meist mischt man 1:4 – 6, d.h. einen Teil Farbe auf vier bis sechs Teile des Mittels. Der Anstrich wird matter als mit einer Öllasur (kann jedoch mit einem Acryllack glänzend gemacht werden). Das Mittel ist geruchsneutral, ungiftig und trocknet rasch. Es läßt sich über seidenmatter Vinyl- oder Eierschalfarbe auf Acrylbasis auftragen. In Dosen abgefüllte Lasurfertigmischungen sind in vielen Farben erhältlich.

- Acrylpinsel

Diese Pinsel eignen sich speziell für Acryllack auf Wasserbasis. Sie haben Nylonborsten, die keine Pinselstriche zurücklassen.

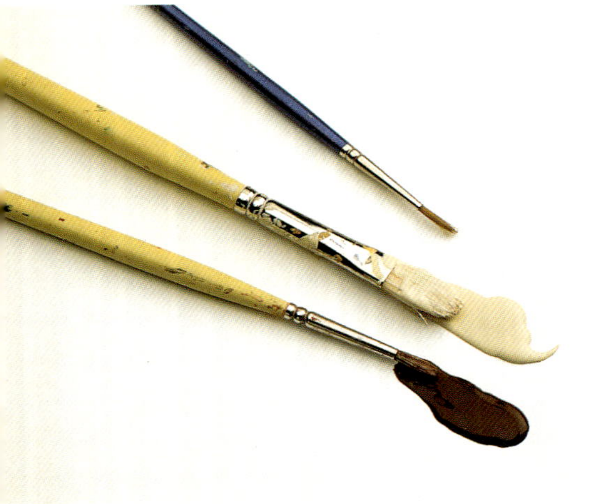

• *Künstlerpinsel gibt es in vielen Größen.*

• Allzweckpinsel

Hochwertige Pinsel mit Holzgriff leisten immer wieder gute Dienste, wenn sie gut gereinigt und richtig gelagert werden. Mit ihnen erzielt man ein besseres Resultat, man kann jedoch auch einen billigen Pinsel nach Gebrauch wegwerfen. Ich habe Pinsel zweiter Qualität gekauft, die nur die Hälfte kosten. Auch runde Pinsel eignen sich hervorragend, speziell als Ersatz für Stupfbürsten und zum Streichen von Türrahmen und abgerundeten Kanten.

• Découpage

Découpage bedeutet »Ausschneiden«. Man kann Bilder, Ausschnitte, Karten oder Einwickelpapier verwenden und Motive daraus auf ein Werkstück kleben. Die traditionelle Methode bestand darin, so viele Lackschichten aufzutragen, bis die Ränder der Bilder völlig bedeckt waren und die Fläche ganz glatt. Ein Découpage-Speziallack ist dicker und muß nicht so oft aufgetragen werden, oder man verwendet mehrere Schichten farblosen Glanzlack.

• Farben auf Acryl- und Wasserbasis

Farben auf Wasserbasis gibt es in vielen verschiedenen Ausführungen wie matt, seidenmatt, satin- oder eierschalfarben. Sie trocknen rasch, sind geruchsneutral und viele davon sind völlig ungiftig. Diese Farben eignen sich für Wände, Decken, Möbelstücke und viele andere Verwendungszwecke. Um noch mehr Schattierungen zu erhalten, kann man die Farben mit Künstleracrylfarben und Beizen auf Wasserbasis oder mit Pigmenten mischen. Werden Möbelstücke mit Emulsion gestrichen, ist ein Schutzanstrich mit Wachs oder Lack erforderlich. Es gibt auch Sprayfarben auf Wasserbasis.

• Farbkannen, Schalen und Paletten

Werden zum Mischen von Farben und Lasuren benötigt und sind in Läden für Maler- und Künstlerbedarf erhältlich. Ich bewahre Mikrowellen- und Eisbehälter

• *Herstellen von Wirbeleffekten.*

• *Transparentes Krakeliermittel wird zwischen den Farbschichten aufgetragen.*

(letztere haben auch noch den Vorteil, daß sie einen Deckel haben), große und kleine Gläser, Joghurtbecher sowie alles, was sich einmal als nützlich erweisen könnte, in einem großen Karton auf, damit ich jederzeit einen Behälter in der gewünschten Größe zur Hand habe. Die Vorliebe für Recycling erweist sich als billiger. Zum Rühren der Farbe lassen sich alte Holzlöffel, Holzstücke usw. verwenden.

• Faserplatte (MDF)

Faserplatten werden aus stark komprimierten Holzresten hergestellt. Die glatte Oberfläche ist ideal zum Streichen oder Ausschneiden. Die Platten sind in verschiedenen Stärken und Größen erhältlich. Man kann sich die Platten auch im Laden zuschneiden lassen. Es gibt auch Unternehmen, die Aufträge für den Zuschnitt von Faserplatten annehmen, beispielsweise für kompliziertere Paneele und Einfassungen.

• Fitscher

Sehr vielseitiger Pinsel mit flachen, schräg verlaufenden Borsten. Er eignet sich zum Beispiel für schwer zugängliche Stellen oder Verzierungen. Diese Pinsel sind sehr preisgünstig, und der flache Holzgriff eignet sich auch zum Ziehen gerader Linien mit einem Strichzieher.

• Fixierspray

Künstlerspray zum »Fixieren« von Kohle-, Bleistift- und Tintenzeichnungen. Er verhindert das Verwischen der Konturen und eignet sich zum Fixieren von Fotokopien vor dem Auftragen einer Lackschicht.

• Gebrochene Farbtechniken

Dieser Begriff umfaßt alle Techniken mit transparenten Öl- oder Acryllasuren, wie die Schwammtechnik, das Stupfen, Wickeln, Marmorieren, Wolken, Maserieren, etc., die in den Anleitungen Schritt für Schritt erklärt werden.

• *Das Aufbringen von Decoupage.*

• Gesso

Wird aus Hasenleim und Schlämmkreide hergestellt und dient als Unterlage für die Wasservergoldung sowie zur Vorbehandlung von Möbelstücken, die einen besonders feinen Anstrich erhalten sollen. Beim Auftragen auf einer ungestrichenen Fläche füllt Gesso die Poren auf; nach dem Abschleifen erhält man eine feine, glatte Struktur. Das Rezept finden Sie auf S. 102 bei der Anleitung für die Malachitimitation. Er ist im Handel auch fertig erhältlich.

• *Schlagpinsel hinterläßt gut sichtbare Linien.*

• Gilp

Wird aus Testbenzin, Leinöl und flüssigen Trocknungsmitteln hergestellt und zum Versiegeln oder Grundieren von Oberflächen eingesetzt, die mit speziellen Techniken behandelt werden. Das Rezept finden Sie auf S. 103.

• Glasfarbe

Durch die darin enthaltenen Kunststoffe sind Glasfarben transparent und strapazierfähig und haften auch auf Kunststoffen und gefärbtem Glas und sind in vielen Schattierungen erhältlich. Bei Plastikflächen sollten Sie zuerst testen, ob sie die Farbe annehmen. Es gibt auch Sprayfarben für wunderbare Eisblumeneffekte. Mit Glitter und goldener Konturenpaste können Sie interessante Designs herstellen. Trägt man diese direkt aus der Tube auf, entsteht ein Rand, der das Aufmalen des Motivs erleichtert und einen schönen Effekt erzielt.

• Goldpaste

Zum Ausbessern von Vergoldungen auf Rahmen und Möbeln. Das trockene Wachs kann man halbmatt lassen oder polieren. Die Paste ist sehr ergiebig und als Highlighter einsetzbar. Sie gehört auf jeden Fall zur Heimwerkerausrüstung.

• Grundierung

Die erste Farbschicht auf unbehandeltem Holz oder abgeschliffenen Flächen.

• Hasenleim

Wird zur Herstellung von Gesso, als Unterlage für Vergoldungen und als Versiegeler verwendet, den man auf Papier aufträgt, um das Eindringen von Wasser oder Lack zu verhindern.

• Heizkörperwalze

Heizkörperwalzen mit einem langen Griff und kleiner Rolle erhält man in Maler- und Heimwerkerbedarfsläden. Für den Auftrag mehrerer Farben Ersatzrollen verwenden. Diese reinigen Sie mit Testbenzin (falls Sie mit Produkten auf Ölbasis gearbeitet haben) oder warmem Seifenwasser (für Produkte auf Wasserbasis). Walzen sind ideal für Tische, Türen und andere glatte Flächen und eignen sich dazu, Farbe an unzugänglichen Stellen aufzutragen.

• Holzkitt

Zum Ausbessern von Holz eignet sich Holzkitt besser als Allzweckkitt. Er ist in verschiedenen Holzfarben oder farblos erhältlich und kann gut zu einer glatten, harten Fläche abgeschliffen werden. Es lassen sich damit kleine Löcher und Ritzen füllen und Verbindungsstellen ausbessern.

• *Lackmalstift gut schütteln und gleichmäßig aufdrücken.*

• *Goldpaste zum Ausbessern von Rahmen und Möbeln.*

• Holzversiegeler

Für neues, abgebeiztes, dunkles oder stark knotiges Holz benötigen Sie einen Versiegeler auf Spiritusbasis. Er eignet sich ideal für Holz, auf das Sie Papier kleben wollen und läßt sich vor dem Wachsen eines abgebeizten Stückes auftragen.

• Holzwurmmittel

Gehen Sie mit einem Spezialmittel gegen den Holzwurm vor.

• Kalkwachs

Mit dieser dicken Wachspaste erhalten sie eine weiße, poröse Fläche. Bevor Sie die Paste mit ganz feiner Stahlwolle oder einem Lappen auftragen, müssen die Holzporen mit einer Draht- oder Bronzebürste geöffnet werden. Sie können das Holz auch zuerst einfärben und dann kalken. Nehmen Sie überschüssiges Wachs mit einem Lappen ab und polieren Sie die Fläche mit einem neutralen Wachs.

• *Transparente Glasfarbe in vielen Schattierungen.*

• Klebeband

Wenn Sie Klebebänder benötigen, verwenden Sie nur gering haftende Bänder, damit die Fläche nicht beschädigt oder Farbe abgezogen wird.

• Klebepads (Blu-tack und Pink-tack)

Ablösbare Klebepads zum schnellen und sauberen Fixieren leichter Gegenstände.

• Kohlepapier

Das Papier wird mit der beschichteten Seite nach unten auf das Werkstück gelegt. Darauf legt man das Pauspapier, die Plastikfolie oder die kopierte Vorlage des gewählten Motivs.

• Krakeliermittel

Transparentes Mittel, das zwischen zwei Farbschichten aufgetragen wird und sie miteinander reagieren läßt. Man sollte den Effekt vorher unbedingt auf einer Faserplatte ausprobieren, bevor man sich an das eigentliche Werkstück wagt. Das Mittel wird von einigen Herstellern angeboten.

• Künstleracrylfarbe

In Läden für Papierwaren oder Künstlerbedarf ist sie in kleinen und großen Tuben und vielen Farben erhältlich. Künstleracrylfarben sind sehr vielseitig und können zusammen mit Farben auf Acryl- oder Wasserbasis verwendet werden. Mit einem vor dem Farbauftrag angefeuchteten Pinsel erzielt man einen weichen Effekt. Diese Farben eignen sich auch zum Färben von Acryllasur und zur Herstellung eines alt wirkenden Designs.

- Künstlerölfarbe

Künstlerölfarben eignen sich zum Mischen mit transparenter Öllasur und für handgemalte Motive, die auf einer Öllasur aufgetragen werden. Sie können die Farbe verdünnen, indem Sie den Pinsel vor dem Auftragen der Farbe in Testbenzin tauchen. Leider benötigen diese Farben eine lange Trocknungszeit.

- Künstlerpinsel

Sind in vielen verschiedenen Größen erhältlich. Ein Strichzieher ist sehr spitz, ein Flächenstreicher hat einen kurzen oder langen Griff und flache Borsten in verschiedenen Längen. Künstlerpinsel bestehen aus Natur- oder Kunstborsten.

- Lackentferner

Im Handel ist eine Vielzahl an Lackentfernern erhältlich. Bezüglich ihrer Verwendung beachten Sie bitte die Herstellerhinweise.

- Lackfarbe

Lackfarbe ist in Spraydosen oder in flüssiger Form erhältlich. Letztere wird mit dem Pinsel aufgetragen. Tragen Sie immer mehrere dünne Schichten auf, damit die Farbe nicht zu dick wird oder verrinnt.

- Lackierpinsel

Spezialpinsel für Lackarbeiten mit dünnen, flachen Borsten aus Ochsenhaar.

- Lackmalstift

Lackmalstifte erhalten Sie in guten Papierfachläden und Läden für Künstler- und Bastlerbedarf. Da sich die Lackfarbe in einer Kugel befindet, muß man den Stift mit aufgesetzter Kappe immer wieder gut schütteln und mit der Spitze aufdrücken, damit die Farbe gleichmäßig herausfließt.

- Leim

Es gibt spezielle Holz- und Bastlerleime und ausgezeichnete, wasserfeste PVA-Kleber, die farblos auftrocknen. Wenn Sie Leim oder Kleber verwenden, lesen Sie bitte auf dem Behälter nach, ob das Produkt für Ihre Zwecke geeignet ist.

- Malerpinsel

Beachten Sie nach der Verwendung die Reinigungshinweise auf der Farbdose.

- Motivstempel

Zahlreiche Stempel sind auf einem hölzernen Griff angebracht und einfach in der Handhabung. Tragen Sie mit einer kleinen Walze Farbe auf den Stempel auf und drücken Sie ihn dann direkt auf die Fläche. Stempelmotive eignen sich speziell für Spiegel- und Paraventeinfassungen. Sie können als Set aus dem Katalog bestellt oder nach eigenem Design angefertigt werden.

• *Öllack ist ein wasserfester Schutzanstrich.*

• Pigmente sind natürliche Substanzen, zu feinem Pulver zermahlen.

• Naß-Trocken-Papier

Eignet sich speziell zum Aufrauhen von Schablonen- oder Handmalereien und zum Glätten von Anstrichen. Ich verwende sehr feines Papier.

• Naturschwämme

Für Schwammtechniken eignen sich natürliche Schwämme besser als künstliche, da ihre unregelmäßige Struktur hübsche Muster entstehen läßt. Sie sind ziemlich teuer, sollten daher nach der Verwendung stets gut gereinigt werden. In ihren Herstellungsländern sind sie oft viel preisgünstiger zu kaufen.

• Ölfarbe

Produkte auf Ölbasis gibt es als Glanz-, Eierschal-, Satinholzfarbe, Grundierung, Lasur, Lack und Künstlerfarbe, die alle nicht zusammen mit Produkten auf Wasserbasis verwendbar sind. Beachten Sie stets die Herstellerhinweise, die Aufschluß über das Produkt, die Verwendung und die Trocknungszeiten geben. Ölfarben sind giftig und sollten daher nur in gut belüfteten Räumen verwendet, sorgfältig gehandhabt und richtig gelagert werden. Zum Verdünnen der Farbe und Reinigen der Pinsel benötigt man Testbenzin.

• Öllack

Wird als wasserfester Schutzanstrich für Möbelstücke verwendet. Je mehr Schichten Sie auftragen, desto länger hält der Anstrich. Die Lacke sind matt, seidenmatt, glänzend oder stark glänzend erhältlich. Die stark glänzende Version eignet sich für Projekte, wie die Malachitimitation auf S. 101 oder für Découpage-Arbeiten, die stark glänzen sollen. Dieser Lack ist jedoch etwas gelbstichig, daher sollten Sie bei einem hellen Basisanstrich Acryllack verwenden.

• Öllasur

Transparente Öllasur wird aus Leinöl, Trocknungsmittel, Schlämmkreide und Ölen hergestellt. Sie ist fertig erhältlich, kann jedoch mit einer Farbe gemischt werden. Man erhält einen dreidimensionalen Effekt, wenn man mehrere Schichten davon aufträgt. Sie wird für viele Maltechniken und Arbeiten mit gebrochenen Farben verwendet, wie zum Marmorieren, Wickeln, Stupfen usw. Die Farbe bleibt lange naß und klebrig, wodurch es möglich wird, den gewünschten Effekt zu schaffen, und sie eignet sich für viele Flächen, auch synthetische. Sie können Pigmente, Künstlerölfarben und Färbemittel mit drei Teilen Testbenzin mischen, um den gewünschten Farbton herzustellen. Außerdem kann man ein wenig Eierschalfarbe zufügen, damit die Lasur dicker wird. Dann wird sie jedoch mit der Zeit gelbstichig und an Stellen, wo keine Sonne hingelangt, altert der Anstrich rascher. Der Schutzfilm, der sich bei offenem Behälter bildet, kann einfach entfernt werden. Anschließend die Öllasur verrühren.

• Overheadfolien-Stifte

Diese Stifte eignen sich zum Auftragen der Motive auf Schablonenfolie, da sie wasserfest sind, nicht verwischen und klare Konturen schaffen. Andere Stifte haften nicht auf der Folie.

• *Skalpell zum Ausschneiden.*

• Pauspapier

Halbtransparentes Pauspapier eignet sich zum Abpausen und Übertragen von Motiven von einem Papier auf ein anderes. Es ist in Läden für Papierwaren oder Künstlerbedarf in Blättern oder Rollen erhältlich.

• Pigmente

Pigmente werden aus natürlichen Substanzen hergestellt, die zu einem feinen Pulver zermahlen werden. Erdpigmente liefern Naturfarben, wie Ocker, Umbra, Rot und Siena. Ihre Verwendung geht auf prähistorische Zeiten zurück, als damit Höhlen- und Felsmalereien angefertigt wurden. Mineralpigmente werden ebenfalls seit uralter Zeit verwendet. Heute gelten Mineralien als Halbedelsteine, und die Pigmente lassen sich bereits synthetisch herstellen.
Testen Sie zuvor den Gebrauch und die Menge eines Pigments. Verrühren Sie die Farbe sorgfältig, bis die Pigmente gleichmäßig verteilt sind und nicht klumpen. Beginnen Sie mit kleinen Mengen. Erst wenn Sie mit dem Resultat zufrieden sind, können Sie mehr Pigment anrühren.

• Pinselreiniger und -pflegemittel

In Läden für Heimwerker- und Malerbedarf sind verschiedene Pinselreiniger erhältlich, die bei Verwendung von Farben und Lacken auf Ölbasis eingesetzt werden. Verwenden Sie nach der Reinigung ein Mittel, das die Borsten pflegt und die Lebensdauer der Pinsel verlängert. Dies ist bei hochwertigen, teuren Malerpinsel sicher lohnenswert.

• Porzellankitt

Es gibt speziellen Porzellankitt, den Sie in Läden für Künstlerbedarf oder manchmal auch in Antiquitätenläden kaufen können. Verwenden Sie ihn zum Ausbessern von ausgeschlagenen Rändern, Sprüngen und Dellen. Er schafft eine feine Oberflächenstruktur.

• Reinigungstuch

Kleines, vielseitiges, strapazierfähiges, fettiges Tuch, das sich zum Reinigen von Holz, Metall, Putz und anderen Flächen (ausgenommen Glas) eignet. Es nimmt Staub und Schmutz auf und hinterläßt eine völlig saubere Fläche, die weiter bearbeitet werden kann.

• *Sprayfarbe in mehreren dünnen Schichten auftragen.*

• *Motivstempel eignen sich speziell für Spiegel- und Paraventeinfassungen.*

• Reißlack

Besteht aus zwei transparenten Lacken, die aufgrund einer chemischen Reaktion Risse erzeugen, wenn der Reißlack über dem Antikisierungslack aufgetragen wird. Reißlack gibt es auf Wasser- und Ölbasis, daher sind die Trocknungszeiten unterschiedlich.

• Sand- und Glaspapier

Ist für Schleifmaschinen in Streifen erhältlich oder als Blätter in verschiedenen Feinheitsgraden für verschiedenste Zwecke (Holz, Metall, etc.). Beachten Sie bitte die entsprechenden Herstellerhinweise.

• Schablonenfarben und Sticks

Sie können Schablonenfarben auf Wasser-, Acryl- oder Ölbasis in Töpfchen kaufen. Schablonen-Sticks sind in Plastik eingeschweißt und nur auf Ölbasis erhältlich. Alle Farben können untereinander gemischt werden. Nicht so rasch trocknende Ölprodukte können beim Schablonieren besser verarbeitet werden. Ölfarben und Sticks sind für alle Flächen geeignet, Produkte auf Wasser- oder Acrylbasis haften besser auf einem entsprechenden Basisanstrich. Schablonenmalereien sollen an manchen Stellen heller, an anderen dunkler ausfallen. Mit Ölprodukten kann man länger an diesem Effekt arbeiten, speziell bei großen Flächen. Legen Sie überlappende Schablonen vorsichtig auf, damit sich die darunter liegenden Motive nicht verwischen. Tränken Sie den Pinsel nicht zu stark. Die Farbe läßt sich weniger leicht wieder entfernen.

• Schablonenfolie

In Läden für Künstlerbedarf erhalten Sie diese Plastikfolie für selbstentworfene Schablonen.

• Schablonenpinsel

Runde Spezialpinsel für Schablonenmalereien mit kurzen, kräftigen Borsten zum Malen oder Stupfen, die in vielen verschiedenen Größen erhältlich sind. Ein Pinsel mit zwei Enden eignet sich speziell für die gleichzeitige Verwendung von zwei Farben. Für Schablonenmalereien auf Textilien gibt es spezielle Pinsel mit weicheren und längeren Borsten.

• Schlagpinsel

Sind in verschiedenen Größen erhältlich. Die Preise richten sich nach der Qualität der langen, harten Borsten, die in der Lasur gerade, gut sichtbare Linien hinterlassen.

• *Die Stupfbürste läßt harte Ränder und Linien verschwinden.*

- Schlichtpinsel

Es gibt verschiedene Arten von Schlichtpinseln, der beste davon ist der Dachshaarpinsel, doch es gibt auch billigere Alternativen. Diese Pinsel werden für gebrochene Effekte mit Lasuren auf Öl- oder Wasserbasis eingesetzt, hauptsächlich zum Marmorieren oder Maserieren. Auch beim Wickeln erzielt man mit einem Schlichtpinsel einen weicheren Effekt.

- Skalpell

Ein Skalpell eignet sich hervorragend zum Ausschneiden der Schablonen aus Plastikfolie. Es sollte eine gerade Klinge haben. Die Messer kosten nicht viel. Meist sind noch einige Ersatzklingen beigefügt. Sie sollten die Klinge regelmäßig austauschen, damit sie scharf genug ist, um auch kompliziertere Motive auszuschneiden. Skalpelle eignen sich auch als Werkzeug und zum Abkratzen überschüssiger Farbe.

- Sprayfarbe

Sprayfarbe ist einfach in der Handhabung und in vielen Farben und Ausführungen erhältlich. Acrylsprayfarbe auf Wasserbasis eignet sich für fast alle Oberflächen in Innenräumen, wie Holz, Metall, Putz, Kunststoff und Glas. Sie ist für Schablonenmalereien oder als Grundfarbe für Türen und Läden verwendbar und ideal für Kindermöbel und -spielzeug, da sie ungiftig ist. Man kann auch Metall und Glas mit Sprays emaillieren, Eisblumeneffekte schaffen und Polyurethanlack auftragen. Tragen Sie die Farbe in mehreren dünnen Schichten auf.

- Sprühkleber

Dieser so gut wie überall erhältliche Kleber wird aufgesprüht, um Schablonen oder Zeichnungen vorübergehend zu fixieren. Bis der Spray entfernt ist, lassen sich die aufgeklebten Objekte immer wieder abnehmen, ohne daß deren Oberfläche beschädigt wird. Bei nochmaligem Auftragen ist nur eine dünne Schicht erforderlich.

- Stahlwolle

Die verschiedenen Qualitäten von sehr fein (0000) bis rauh (00) eignen sich zum Reinigen von Holz, Metall und Glas, zum Auftragen von Wachs und für manche Techniken mit abgeblätterter Farbe. Bei vorsichtiger Verwendung zerkratzt feine Stahlwolle das Holz nicht und hinterläßt keine Spuren, sondern glättet nur die Oberfläche. Wenn man sie in Testbenzin oder warmes Wasser taucht, eignet sie sich zum Reinigen von Holzmöbeln. Sie kann auch zusammen mit Lack- oder Farbentfernern verwendet werden, dabei sollten Sie allerdings Handschuhe tragen. Wenn man abschließend mit Stahlwolle und Testbenzin über einen Anstrich geht, werden kleine Partikel entfernt, die noch auf der Fläche kleben. Da Stahlwolle aus Feilenstahlfasern besteht, sollten Sie Papier auflegen, das Sie nach dem Abschleifen wegwerfen.

- Stupfbürste

Mit Stupfen bezeichnet man das An- oder Abheben von kleinen Farbtupfen. Stupfbürsten haben eine rechteckige Form und steife, dichte Borsten. Sie sind ein Muß für

• Farben auf Acryl- und Wasserbasis trocknen rasch und sind geruchsneutral.

viele Maltechniken, da sie die Farben verschwimmen und harte Linien und Ränder verschwinden lassen, was ein wesentlicher Effekt bei allen Techniken mit gebrochenen Farben ist. Eine billigere Alternative sind hochwertige Tapezierbürsten oder runde Bürsten.

• Testbenzin

Dient als Verdünner für Farben auf Ölbasis und transparente Öllasur, als Pinselreiniger und Fleckentferner für Ölprodukte.

• Naß-Trocken-Papier zum Aufrauhen von Malereien.

• Traditionelle Farben

Traditionelle Farben erfordern keinen Voranstrich. Sie werden mit den Pigmentfarben hergestellt, die auch im 18. und 19. Jahrhundert verwendet wurden. Farben auf Wasserbasis werden nun von verschiedenen Herstellern angeboten. Man kann die Farben auch mischen, um einen altmodischen Tempera- oder Kalkeffekt zu erzielen. Sie sind vielseitig und lassen sich direkt auf Holz oder gestrichene Flächen auftragen. Abschließend sollte man sie wachsen oder lackieren. Man kann die Farbe auf Möbelstücken oder Wänden auch mit Wasser auswaschen, um einen gewolkten Effekt zu erzielen.

• Wachsfirnis (Black Bison-Wachs)

Diese Mischung verschiedener Wachse ist sehr resistent gegenüber Wasser und Fingerabdrücken und eignet sich daher als Schutzanstrich. Es dient als Versiegeler für Krakeleearbeiten und Techniken mit abgeblätterter Farbe und verstärkt den Antikisierungseffekt. Durch mehrere Wachsschichten, die poliert werden, entsteht ein hübscher Glanz. Ich trage dieses Wachs lieber mit einem Lappen auf als, wie empfohlen wird, mit Stahlwolle, da sie für einige Effekte zu hart ist. Es sind verschiedene Farben erhältlich, und man wählt am besten diejenige, die der Anstrichfarbe am nächsten kommt. Klarwachs ist oft gelbstichig, für blaue und graue Farben nimmt man am besten neutrales Wachs.

Vitrine mit Glasfront

Diese Vitrine stammt von einem Antiquitätenhändler in Ely, Cambridgeshire, der sie nicht verwenden konnte, da sie schwarz gestrichen war und nicht abgezogen werden konnte. Die Verarbeitung war ebenfalls schlecht, die Holzregale paßten nicht richtig, und die ganze Vitrine war schmutzig und mit Spinnweben bedeckt. Das einzig Schöne an ihr war die Glasfront. Der Händler wollte die Vitrine soeben in einen Trödelladen bringen, als ich sie entdeckte – Ich überredete ihn, sie mir für nur 10 Pfund (rund 30 Mark) zu überlassen.

Ich verwendete den Effekt künstlicher Abnutzung und ersetzte die Holzregale durch maßgeschneiderte Glasregale. Danach schnitt ich vorsichtig ein Loch in den oberen Teil, damit ich einen kleinen Spot anbringen konnte. An der Unterseite montierte ich dekorative Halterungen, mit denen ich die Vitrine an der Wand befestigte.

Das Schablonenmotiv verwendete ich erstmals vor einigen Jahren in den Ecken einer hohen, viktorianischen Decke. Ich weiß nicht mehr, wo ich das Original für meine Vorlage gesehen hatte, die Sie auf S. 106 finden.

Checkliste

- Traditionelle Farbe oder Emulsion in Altweiß, Moleskin, gelbem Ocker und dunklem Rost
- Krakeliermittel
- Kleiner und mittlerer Schablonenpinsel
- Schablone oder Plastikschablonenfolie
- Sprühkleber
- Goldene Schablonenfarbe
- Kleiner und großer Malerpinsel
- Naß-Trocken-Papier
- Ein Paar Wandhalterungen
- Skalpell
- Overheadfolien-Stift
- Wachsfirnis

1 Vorbehandlung und Auftragen des Basisanstrichs

Die Vitrine leicht abschleifen, reinigen und vom Staub befreien. Anschließend innen und außen vollständig mit einem deckenden, dunklen Basisanstrich in dunklem Rost streichen. Gut trocknen lassen. (Bei dieser Farbe ist kein Voranstrich erforderlich, sie kann direkt auf Holz aufgetragen werden.) Die Halterungen ebenso streichen.

• *Dunklen Basisanstrich auftragen.*

2 Herstellung des rissigen, abgeblätterten Designs

Eine ausreichende Schicht des Krakeliermittels auf Vitrine und Halterungen auftragen und trocknen lassen. Nicht überstreichen. Achtgeben, daß nichts verrinnt.

• *Krakeliermittel auftragen.*

• *Anschließend helle Farbe auftragen.*

3 Auftragen der hellen Farbe

Ein wenig gelben Ocker mit Altweiß mischen, bis ein heller Cremeton entsteht. Großzügig innen und außen mit groben Pinselstrichen gleichmäßig auftragen, dabei den Pinsel nicht zu stark mit Farbe tränken. Der Krakeliereffekt tritt sofort zutage. Die Halterungen ebenso streichen. Die krakelierten Flächen nicht überstreichen, da der Effekt sonst verlorengeht.

• *Schablonenmalerei an der Innenseite der Vitrine auftragen.*

4 Schablonieren

Eine Schablone auswählen oder selbst anfertigen (s. Vorlage auf S. 106) und mit Sprühkleber fixieren. Vorsichtig kreisförmig ausmalen, dafür Moleskin und dunklen Rost verwenden. Hellere und dunklere Stellen malen, danach kleine Bereiche mit etwas Gold abtönen. Damit die Farbe alt wirkt, das Motiv vorsichtig mit Naß-Trocken-Papier abschleifen, an manchen Stellen solange, bis der Basisanstrich durchscheint. So entstehen künstliche Abnutzungsspuren.

5 Der letzte Touch

Zweimal Wachsfirnis auftragen und polieren.

• *Vitrine polieren.*

• *Detail von der Innenseite der fertigen Vitrine, in der nun Schaustücke ausgestellt werden können.*

Bemaltes Tischchen

Einige Bauleute hatten dieses wunderbare Tischchen weggeworfen, das sie die Zeit über, während der sie an der Baustelle waren, verwendet hatten. Es war teilweise abgeschliffen und sehr schmutzig. Doch die Beine waren elegant geformt, mit eingeschnitzten Rillen, und die Leiste um den Tischrand war noch intakt. Ich war hocherfreut, daß das Tischchen sich in so gutem Zustand befand, und fragte die Bauleute, ob ich es haben könnte. Sie reagierten mit Erstaunen, da sie sich nicht vorstellen konnten, was ich damit anstellen würde.

Ich wollte einen kleinen Tisch für mein Wohnzimmer und beschloß, ihn hell zu streichen und seine Formen mit einer Kontrastfarbe hervorzuheben. Zuerst schrubbte ich ihn mit warmem Seifenwasser, um den oberflächlichen Schmutz abzuwaschen. Zum Reinigen der Rillen verwendete ich eine Zahnbürste. Als Grundfarbe wählte ich eine Farbe auf Wasserbasis in einem vanillefarbenen Ton sowie für die Bereiche, die ich hervorheben wollte, ein Päckchen Pigmentpulver »Terre Verte« zum Abtönen. Für das Streichen von Möbeln ist es nicht erforderlich, alte Farbe oder Lack vollständig zu entfernen, solange die Fläche sauber und matt ist, und die neue Farbe darauf haften kann.

Checkliste

- Mittleres und feines Sandpapier
- Sauberer Lappen oder Reinigungstuch
- 2 Malerpinsel, 12 und 25 mm
- Langborstige Künstlerpinsel
- Farbe auf Wasserbasis in Creme
- Pigmentpulver »Terre Verte«
- Möbelwachs und sauberes, fusselfreies Tuch
- Holzversiegeler

• *Tisch abschleifen.*

1 Vorbehandlung

Mit mittlerem Sandpapier abschleifen, bis alle Lackteilchen entfernt sind und die Fläche glatt ist. Dabei die Oberfläche nicht beschädigen. Mit feinem Sandpapier wiederholen. Die Fläche mit einem trockenen Lappen reinigen und eine Schicht Versiegeler auftragen.

2 Auftragen des Basisanstrichs in der Grundfarbe

Zwei Farbschichten in Creme auftragen, dazwischen die empfohlene Trocknungszeit einhalten. Falls erforderlich, noch eine dritte Schicht auftragen.

• *Basisanstrich auftragen.*

• *Pigmentpulver mit Farbe mischen.*

3 Mischen des Pigments

Ausreichend Farbe in Creme mit ein wenig Pigmentpulver »Terre Verte« in einem Behälter miteinander verrühren. Falls erforderlich, Pigmentpulver oder Farbe hinzufügen, bis der gewünschte Farbton erreicht ist. Die Konsistenz ist ein wenig dicker als die der Farbe auf Wasserbasis, sollte jedoch nicht zu fest werden, da sich die Farbe sonst nicht mehr verarbeiten läßt. Bei der Verwendung des Pigmentpulvers beachten Sie bitte die Herstellerhinweise.

• *Leiste streichen.*

• *Rillen in Kontrastfarbe streichen.*

4 Kontrastfarbe für Kanten und Rillen

Mit dem Künstlerpinsel und langen, gleichmäßigen Pinselstrichen die Kontrastfarbe vorsichtig in den Rillen auftragen. Wenn die Farbe zu fest ist, den Pinsel erst in Wasser und danach in die Farbe tauchen. Zwei Farbschichten auf der oberen Leiste auftragen und dazwischen entsprechend der Gebrauchsanweisung trocknen lassen.

• *Tisch polieren.*

5 Auftragen und Polieren von Möbelwachs

Mit einem sauberen, fusselfreien Tuch die erste Wachsschicht kreisförmig auf dem ganzen Tisch auftragen. Rund 10 Minuten trocknen lassen und mit einem sauberen Lappen zart polieren. Diesen Vorgang wiederholen, bis der Anstrich strapazierfähig und zart glänzend ist. Mindestens zwei Schichten auftragen.

Schreibschrank mit Heraldikmotiven

Dieses Stück schien mir für eine Maltechnik besonders gut geeignet. Ich beschloß, Deckel und Laden mit einem gemalten Motiv zu versehen, um sie zu betonen. Ich entschied mich für ein Heraldikmotiv, altenglische Jagdhunde und Vögel, wie sie oft auf alten Wandteppichen zu sehen sind.
Ich wählte den Basisanstrich in Beige und eine ebensolche Lasur, die mit der Zugtechnik bearbeitet wurde. Für die gemalten Motive nahm ich verwaschenes Anthrazit, Weiß und Ocker. Ich maß den Deckel ab und fertigte probehalber einige maßstabgetreue Zeichnungen an, bis mir das Motiv zusagte. Die Vorlage auf S. 107 müssen Sie vermutlich den Abmessungen Ihres Stückes anpassen. Sie können das Motiv auch kopieren, wenn nötig, auch auf mehrere Blätter. Pausen Sie das Motiv entweder durch oder zeichnen Sie es mit Kreide oder Kohlepapier direkt auf den Deckel, wo Sie es händisch nachziehen. (Wenn Sie Kohlepapier verwenden, werden Sie die Zeichnung vor dem Ausmalen mit Künstlerfixierspray befestigen müssen, damit sie nicht verwischt.) Für die Laden habe ich den Mittelteil des Motivs verwendet, die gekreuzten langen Pfeile, die dieselbe Größe besitzen wie die Vorlage.
Mit Polyurethansprayĺack können Sie die Arbeit abrunden und die Oberfläche und die Malereien gegen Flüssigkeiten, Kratzer und allgemeine Abnutzung schützen.

Checkliste

- Malerpinsel, 50 mm
- Stupfbürste
- Kleiner Schlagpinsel
- Strichzieher
- Kleiner, flacher Künstlerpinsel
- Dünnes, flaches Holzstück oder Fitscher mit langem Griff zum Ziehen der Linien
- Kleine Dose mit heller Grundierung
- Künstlerölfarben aus der Tube in Anthrazit, Weiß, Umbra natur und gelbem Ocker
- Eierschalfarbe auf Öl- oder Acrylbasis in Beige
- Transparente Öllasur oder Lasurmittel auf Wasser- oder Acrylbasis
- Künstlerfixierspray
- Kohle- oder Pauspapier
- Weicher Bleistift
- Papier für die Vorlage
- Feines Sandpapier
- Farbkanne
- Stöckchen zum Umrühren
- Etwas Testbenzin
- Weicher, sauberer Lappen
- Polyurethanklarlack in der Spraydose

1 Vorbehandlung

Den Schreibschrank mit einem Möbelreinigungsmittel abwaschen und trocknen lassen. Mit feinem Sandpapier abschleifen und Staub entfernen. Handelt es sich um neues, unbehandeltes Holz, grundieren und trocknen lassen.

• *Detail einer Lade.*

2 Auftragen des Basisanstrichs

Die Laden herausnehmen und den Schrank mit der beigen Farbe streichen. Dafür den 50mm-Malerpinsel verwenden. Trocknen lassen. Verronnene Stellen mit feinem Sandpapier abschleifen. Zweite Farbschicht auftragen und trocknen lassen. Griffe abnehmen und Schubladen streichen.

3 Mischen der Lasur

Einen Löffel transparente Öllasur in die Farbkanne geben. Danach eine Tubenbreite Umbra natur und halb soviel gelben Ocker hinzufügen. Verrühren, bis die Farbe glatt ist. Nach und nach noch mehr Farbe im selben Verhältnis dazumischen, bis die gewünschte haferfarbene (beige) Schattierung erreicht ist. (Testen Sie, ob der Farbton stimmt, indem Sie an der Seite mit der Fingerspitze etwas Farbe über dem Basisanstrich verreiben.) Anschließend wieder transparente Öllasur und Testbenzin im Verhältnis zwei zu eins und einen Löffel der beigen Farbe hinzufügen, bis für den gesamten Schrank genügend Farbe zur Verfügung steht. Die Konsistenz sollte ähnlich wie Sahne sein. (Ich verwendete sechs Löffel Lasur – es ist immer besser, zuviel als zuwenig Farbe zu haben.) Die fertige Lasur sollte dunkler sein als der Basisanstrich.

4 Auftragen der Lasur

Beginnen Sie an der Rückseite des Schranks, wo Sie die neue Lasurtechnik an einer weniger sichtbaren Stelle ausprobieren können.
Die Lasur an der Rückseite auftragen und sofort stupfen, d. h. die Bürste gleichmäßig und nicht zu fest abheben und wieder aufsetzen, um die Pinselstriche zu vertreiben. Vorgang auf den restlichen Flächen und den Laden wiederholen. Sofort zum nächsten Schritt übergehen.

• *Beige Lasur mit der Zugtechnik bearbeiten.*

5 Ziehen

Beginnen Sie wieder an der Rückseite. Die Borstenspitzen des Schlagpinsels auf die Fläche schlagen und vorsichtig mit einer Bewegung über die gesamte Fläche bis zur Kante hinunterziehen. Leicht überlappend auf die gleiche Weise fortsetzen, bis die Rückseite fertig ist. Wenn keine langen, geraden Linien entstanden sind, die Lasur mit einem feuchten Lappen und Testbenzin wieder abwischen. Vor dem neuerlichen Auftragen trocknen lassen. Seitenflächen, Deckel und Füße ebenso bearbeiten, auf der Oberseite und den Laden von einer Seite zur anderen, anstatt von oben nach unten, ziehen. Mindestens 24 Stunden trocknen lassen oder solange, bis der Anstrich völlig berührungsfest ist.

• *Motiv auf den Deckel pausen.*

6 Auftragen des Motivs

Die Vorlage (S. 107) kopieren und entsprechend den Abmessungen des Deckels vergrößern. (Falls erforderlich, auf zwei Blätter kopieren.) Ein Kohlepapier mit der beschichteten Seite nach unten auf den Deckel legen. (Bereits gebrauchtes Kohlepapier ist einfacher zu verwenden.) Darauf das Papier mit der Vorlage legen. Das Motiv vorsichtig mit dem weichen Bleistift nachziehen, ohne dabei auf das Kohlepapier zu drücken. Für die geraden Linien ein Lineal oder ein flaches Holzstück verwenden. Das Papier darf sich nicht verschieben. Papier von der fertiggestellten Seite abheben und auf die andere Seite legen. Wenn das Motiv vollständig durchgepaust ist, Papier abheben, Kohlelinie mit einem Fixierspray besprühen, damit sie nicht verwischt, und trocknen lassen.
Die Pfeile des Mittelteils in Originalgröße von der Vorlage übernehmen, den Abstand zwischen den Ladenknäufen abmessen und das Motiv genau in der Mitte auftragen. Kohlepapier darunterlegen und die Zeichnung mit dem weichen Bleistift nachziehen, ohne auf die Unterlage zu drücken. Papier vorsichtig abheben und die restlichen Laden ebenso bearbeiten. Jedesmal mit Fixierspray besprühen und trocknen lassen.

7 Ausmalen des Motivs

Die Farben – Anthrazit, Weiß und Gelbocker auf eine Palette geben. Ein wenig Testbenzin in den Flaschenverschluß gießen und winzige Mengen davon mit den Farben vermischen, bis diese so weich sind, daß sie gut verarbeitet werden können. Den Pinsel in die gelbe Farbe tauchen und damit Hunde und Vögel ausmalen. Den Strichzieher gut mit Anthrazit tränken und mit Hilfe eines Holzstücks oder eines Fitschers die geraden Linien nachziehen. Holzstück sauber abheben. Mit dem Strichzieher auch die Vögel, Hunde und die Pfeilspitzen in Anthrazit nachziehen. Anthrazit mit Weiß mischen und Kanten und kleine Details etwas aufhellen. Mindestens 48 Stunden trocknen lassen.
Die Pfeile auf den Laden nachziehen und mindestens 48 Stunden lang durchtrocknen lassen. Die Malereien mit einer dünnen Schicht Fixierspray besprühen und wieder trocknen lassen.

• *Jagdhundmotiv ausmalen.*

8 Lackieren

Einige Male mit eierschalfarbenem Polyurethanlack besprühen und dazwischen jedesmal die Trocknungszeit einhalten. Es ist besser, mehrere dünne Schichten aufzutragen, damit der Lack nicht zu dick wird oder verrinnt.

• *Detail des Schrankdeckels.*

Kamin mit Granitimitation

Ich gehe nie an einem Sperrmüllcontainer vorbei, ohne hineinzusehen. Meist lassen mich die Besitzer etwas mitnehmen, damit sie wieder Platz für neue Sachen haben. Bei Umbauarbeiten in der Umgebung werden oft wunderschöne Einrichtungsgegenstände und Armaturen weggeworfen.
Eines Tages überließen mir zwei Bauleute, die einen alten gußeisernen Kamin zum Sperrmüllcontainer trugen, diesen unter der Voraussetzung, daß ich ihn selbst wegschaffen würde. Ich überredete einen Taxifahrer, mich und den Kamin, der jetzt mein Wohnzimmer ziert, nach Hause zu führen.
Es ist für gewöhnlich nicht allzu teuer, einen Kamin installieren zu lassen. Wenn Sie darin auch Feuer machen wollen, sollten Sie jedoch Ihren Schornstein überprüfen lassen.

Checkliste

- Lappen
- Kernseife
- Dunkelgrüner Glitter
- Silberglitter
- Feiner, schwarzer Glitter
- Lasur (auf Öl- oder Acrylbasis)
- Mittleres und feines Sandpapier
- Malerpinsel, 25 mm
- Eierschalfarbe
- Granitfarbe
- Öl- oder Acrylfarbe aus der Tube

1 Vorbehandlung des Kamins

Den Kamin mit Kernseifenlösung waschen. Erst mit mittlerem, dann mit feinem Sandpapier abschleifen. Mit Eierschalfarbe, die etwas heller ist als der gewählte Graniton, zweimal streichen und dazwischen mit feinem Sandpapier abschleifen. Zwischen dem Auftragen die entsprechenden Trocknungszeiten einhalten.

2 Der Graniteffekt

Die Granitfarbe (Rezept siehe S. 38) mit dem 25mm-Malerpinsel auftragen. Nach dem Trocknen einen zweiten Anstrich auftragen. Ich wählte die Farbe Türkis und für die helleren Teilchen die Farben Dunkelgrün und Silber. Diese Kombination betont die Struktur.

• *Türkise Farbe auftragen.*

• *Farbe für den Graniteffekt auftragen.*

Farbe für den Graniteffekt

Einen Löffel transparente Öllasur in eine Farbkanne geben und je zwei Tubenbreiten Künstleracryl- oder -ölfarbe (entsprechend der verwendeten Lasur) in Mönchsgrün und Viridiangrün hinzufügen. Verrühren, bis die Farbe glatt ist. Weiterhin Farben im selben Verhältnis dazumischen, bis der gewünschte Ton erreicht ist. Anschließend transparente Öllasur und Testbenzin im Verhältnis zwei zu eins und eine Verschlußkappe gekochtes Leinöl hinzufügen, bis genügend Farbe vorhanden ist. (Wenn Sie eine Acryllasur verwenden, dürfen Sie weder Testbenzin noch Leinöl hinzufügen.) Die Konsistenz sollte wie die von Sahne sein. (Ich habe hier acht Löffel Lasur verwendet, da es immer besser ist, zuviel als zuwenig Farbe zu haben.) Zwei kleine Behälter mit sehr feinem silbernen und schwarzen Glitter und einen mit mittlerem grünen Glitter unter ständigem Rühren vorsichtig in die Farbe kippen. Weiterrühren, bis alles gut vermischt ist. Die Farbe aufstreichen. Wenn der Anstrich noch stärker glitzern soll, vor dem Trocknen noch ein wenig feinen Glitter auf ein Blatt Papier geben und vorsichtig auf die Fläche blasen.

Grünspan-Kristall-Lüster

Grünspan ist die Bezeichnung für die natürliche Patina auf altem Kupfer, die verschiedene Grünschattierungen und einen leichten Kupferton aufweist. Dieser Effekt läßt sich gut auf Messing, Metall und Putz sowie auf jeder ungleichmäßigen Fläche erzeugen.

Speziell reich verzierte Gegenstände kommen mit dieser Technik hervorragend zur Geltung. Ich fand das perfekte Stück dafür – eine fünfarmige Hängeleuchte aus Messing mit Verzierungen und feinen Filigranarbeiten. Zu meiner Freude entdeckte ich im Shop des Victoria-und-Albert-Museums in London Weihnachtsanhänger aus Kristall, die mir ideal schienen, um die Leuchte zu veredeln, da die Befestigungen aus messingfarbenem Metall waren und somit auch mit dem Grünspaneffekt bearbeitet werden konnten. Während eines Urlaubs in Spanien fand ich einen Pappkarton mit Kristallteilen eines alten Kronleuchters. Zusätzlich bestellte ich in einem Lampengeschäft auch noch Ketten mit Glasperlen.

Oft werden bei alten Beleuchtungskörpern die elektrischen Anschlüsse aus Sicherheitsgründen entfernt oder neu installiert und entsprechend beschriftet. Wenn die Anschlüsse intakt, jedoch ohne Beschriftung sind, sollten Sie die Kabel von einem Elektriker überprüfen lassen.

Checkliste

- Schüssel mit warmem Seifenwasser und Stahlwolle in 00
- Alte Zahnbürste
- Reinigungstuch (fusselfrei)
- Saubere Lappen
- Bunte Glasfarbe
- Emulsion in Mittelbraun
- Grünspan-Set oder grüne Emulsion in hellen und dunklen Jadetönen
- Goldener Oil Stick oder Goldpaste
- Runder Schablonenpinsel (Größe 2 oder größer)
- Kleiner Künstlerpinsel oder Fitscher
- Dünner Draht
- Maßband
- Kleine Zange

• *Braunen Basisanstrich auftragen.*

1 Reinigung und Vorbehandlung

Schüssel mit warmem Seifenwasser füllen und die Leuchte mit wenig Stahlwolle gründlich reinigen. Mit der Stahlwolle und der Zahnbürste Staub und Schmutz auch in den Rillen entfernen. Erst mit einem nassen, dann mit einem trockenen Lappen reinigen. Trocknen lassen und danach mit dem Reinigungstuch abreiben, um die letzten Schmutzreste zu entfernen.

2 Auftragen des braunen Basisanstrichs

Mit dem Schablonenpinsel oder dem Fitscher ausreichend mittelbraune Emulsion aufstupfen. Dabei alle Stellen mit Farbe bedecken. Abschließend durchtrocknen lassen.

3 Auftragen der hellgrünen Emulsion

Ein wenig hellgrüne Emulsion in den Deckel des Farbbehälters gießen und die Spitze des Schablonenpinsels fest eintauchen. Überschüssige Farbe auf einem Lappen oder einem Stück Küchenrolle abstreifen. Farbe über dem braunen Anstrich aufstupfen und sorgfältig verstreichen, so daß ein feiner, gesprenkelter Effekt entsteht. Empfohlene Trocknungszeit einhalten.

• *Hellgrüne Emulsion auftragen.*

4 Auftragen der dunkelgrünen Emulsion

Mit der Spitze des Künstlerpinsels oder des Fitschers ein wenig dunkelgrüne Emulsion aufnehmen, überschüssige Farbe abstreifen. Mit leichten, fedrigen Pinselstrichen einige Erhebungen und Vertiefungen hervorheben. Diese Kontrastfarbe betont die Strukturen und Verzierungen, so daß die Leuchte alt wirkt. Der helle Untergrund wird nicht gänzlich überstrichen.

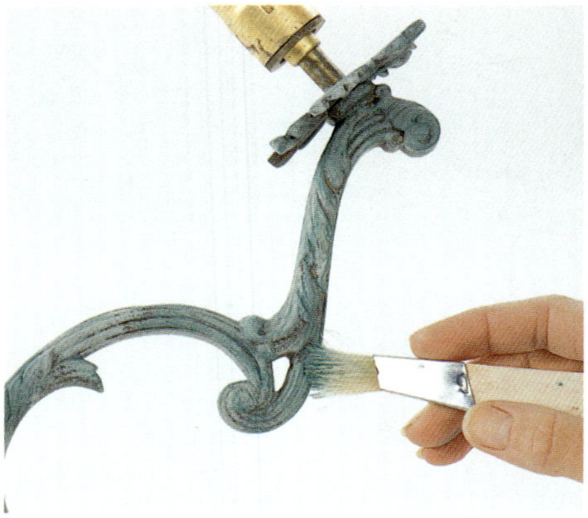

• *Dunkelgrüne Emulsion auftragen.*

• *Mit Goldpaste Akzente setzen.*

5 Akzentuieren mit Gold

Etwas Goldfarbe von einem Oil Stick oder Vergolderwachs zwischen Daumen- und Zeigefinger verreiben und damit einige Kanten und Verzierungen betonen.

6 Befestigen der Dekorationen

Die Stücke, die Sie auf den Lüster hängen möchten, wie Weinblätter, etc., ebenso in der Grünspantechnik bearbeiten. Glasteile in der gewünschten Glasfarbe bemalen und vor dem Befestigen trocknen lassen. Den Abstand zwischen den Armen messen und mindestens 5 cm für den Girlandeneffekt der Glasperlenketten dazurechnen. Glasperlenketten mit den Schlingen der Kristallanhänger verbinden und danach in der gewünschten Position an den Leuchtenarmen befestigen. Falls erforderlich, mit dem dünnen Draht eine Befestigungsschlinge formen. (Die Schlinge kann anschließend grün gestrichen werden.)

• *Glasperlen und Anhänger befestigen.*

Dekorative Karaffe mit Gläsern

Nach der Fertigstellung meiner Vitrine stellte ich fest, daß ich nicht viele Schaustücke dafür hatte. Ich beschloß, eine Karaffe und einige Gläser zu veredeln. Da ich diese Stücke nicht wirklich benutzen wollte, verwendete ich Emailsprayfarbe, Lackmalstifte und Glitter. Für funktionelle Gläser sollten Sie spezielle Glasfarben und wasserfeste Farben aus der Tube verwenden. (Siehe auch die Anleitung für die funktionelle Karaffe mit Gläsern auf S. 45).

Zusätzlich zum Glitter wählte ich Hochglanzsprayfarbe in Perlweiß und Vanille. Sprayfarben trocknen rasch und eignen sich hervorragend für viele Projekte, etwa zum Verzieren von Gläsern, und man erzielt mit ihnen einen hübschen Eisblumeneffekt. Ich verwendete dieselben goldenen Lackmalstifte wie für den beschrifteten Lampenschirm auf S. 98. Entweder zieht man das Sternenmotiv auf der Karaffe und den Gläsern nach oder man malt die Sterne mit der Hand auf.

Checkliste

- Emailsprayfarbe
- Glitter
- Goldene Lackmalstifte, mittelstark
- Schablonenfolie
- Overheadfolien-Stift
- Skalpell
- Zeitungspapier
- Naß-Trocken-Papier
- Äthylalkohol
- Bunte Glasfarbe (falls gewünscht)
- Kleiner Künstlerpinsel
- Sauberer Lappen

1 Vorbehandlung

Das Glas in warmem Seifenwasser abwaschen und gut trocknen lassen. Anschließend mit einem feuchten Tuch und Äthylalkohol abwischen und trocknen lassen. Die Flächen mit Naß-Trocken-Papier abschleifen und mit einem Lappen trocknen.

2 Auftragen der Sprayfarbe

Umliegende Flächen abdecken. Spraydose in einem Abstand von 30 cm zur Karaffe und zu den Gläsern halten und eine dünne Farbschicht aufsprühen. Es wird empfohlen, zwei dünne Schichten aufzutragen und die Farbe dazwischen trocknen zu lassen.

• Mit Emailfarbe einen Eisblumeneffekt schaffen.

3 Ausschneiden des Sternenmotivs

Plastikschablonenfolie über die Vorlagen mit den kleinen und großen Sternen und den Lilien legen. Umrisse mit Overheadfolien-Stift nachziehen. Mit dem Skalpell ausschneiden. Die Sterne in einem Stück lassen, damit sie nachgezogen werden können. Die kleinen Lilien werden nur ausgeschnitten.

• *Motiv mit dem Lackmalstift aufzeichnen.*

4 Muster mit goldenen Sternen und Lilien

Stern anlegen, mit den Fingern vorsichtig festhalten und mit dem goldenen Stift nachziehen. Beachten Sie die Herstellerhinweise auf dem Stift, damit genügend Farbe herausrinnt. (Sie können statt dessen auch goldene Glasfarbe und einen Künstlerpinsel verwenden.) Das Innere mit dem Goldstift ausmalen. Das Lilienmotiv an der Innenseite der Schablone mit dem Goldstift nachziehen und in regelmäßigen Abständen am Fuß des Glases auftragen. Mit silbernem Glitter (und Kleber) auffüllen und trocknen lassen.

5 Glitter für den Stöpsel

Glitter aus der Tube drücken und eine gleichmäßige Linie um die Karaffenöffnung und die Glasränder ziehen, so wie man dies bei einem Cocktail macht. Am Karaffenstöpsel ein von oben nach unten verlaufendes Schlangenmuster anbringen und dann dieser Linie mit bunter Glasfarbe auf einem dünnen Künstlerpinsel folgen.

• *Stöpsel mit Glitter (und Kleber) und Glasfarbe verzieren.*

• *Konturen mit Glitter auffüllen.*

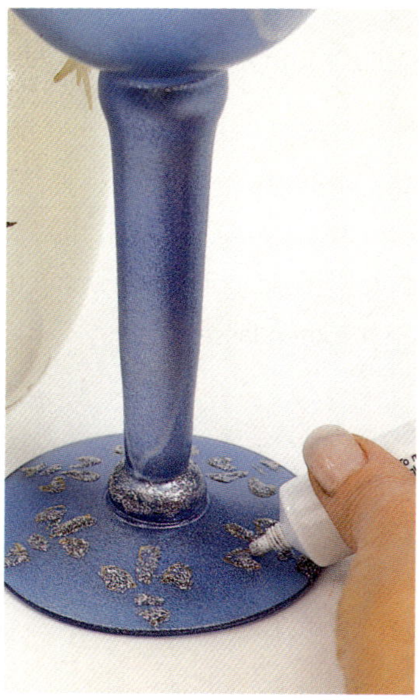

• *Verzierte Glasobjekte sind ein schönes Geschenk.*

Funktionelle Karaffe mit Gläsern

Karaffe und Gläser sind tatsächlich verwendbar, da die speziellen Glasfarben ungiftig und waschecht sind. Mit farbigem Glas lassen sich wunderschöne Effekte erzielen.

Checkliste

- Lappen
- Äthylalkohol
- Naß-Trocken-Papier
- Goldene Konturenpaste
- Glasfarbe in Rosé und Blauviolett
- Feehaar-Künstlerpinsel

1 Vorbehandlung

Glas mit warmem Seifenwasser abwaschen und gut trocknen lassen. Zusätzlich mit einem feuchten Lappen und Äthylalkohol abwischen und trocknen lassen. Alle Flächen mit Naß-Trocken-Papier abschleifen und trocknen.

• *Konturen aufzeichnen.*

2 Auftragen der Konturen

Goldene Konturenpaste aus der Tube direkt auf das Glas drücken und große, leicht verwackelte Formen zeichnen. Sternvorlage mit den Fingern vorsichtig anhalten und rundherum eine Kontur anbringen. Am Glasrand die Lilienschablone verwenden – ebenfalls die Konturen nachziehen. Zehn Minuten trocknen lassen.

• *Konturen mit Glasfarbe ausmalen.*

3 Auftragen der Farbe

Mit Glasfarbe die Konturen ausmalen, dabei verschiedene Farben verwenden.

4 Verzieren des Stöpsels

Mit der goldenen Konturenpaste über den ganzen Stöpsel eine verschnörkelte Linie ziehen, danach mit dem Pinsel und der Glasfarbe ebenso wie die Karaffe bemalen.

Ein neuer Look für einfache Holzstühle

Eine Restaurantbesitzerin fragte mich, ob ich einige alte Kirchenstühle aus Kiefernholz bearbeiten würde. Als Muster gab sie mir zwei Stühle mit Sprossenlehnen, flachen Oberseiten und dem traditionellen Brett für das Gebetsbuch an der Rückseite. Sie waren aus Massivholz, und daher gut für ihr Restaurant geeignet.

Alte Kirchenstühle findet man relativ leicht bei Antiquitätenhändlern, die sie oft en gros kaufen. Für gewöhnlich sind diese Stücke nicht teuer, kosten jedoch wesentlich mehr, sobald sie vom Händler abgezogen und gewachst worden sind. Oft ist es möglich, einen Preis für ein gesamtes Set auszuhandeln, doch auch ein einzelner Stuhl kann sehr gut wirken und so gestaltet werden, daß er zum Stil eines Zimmers paßt. Ich sah mir unlängst das Lager eines Händlers an (in diesen Genuß kann man kommen, wenn man ein Stammkunde ist) und fand dort einen riesigen Stapel mit Kirchenstühlen, von denen sechs Stück ungefähr soviel kosteten wie ein neuer, billiger Stuhl aus Kiefernholz.

Um Sie zu inspirieren, wurden vier verschiedene Designs entworfen, die alle leicht auszuführen sind. Die Vorlagen dazu finden Sie auf S. 107 und 109–110.

Drehen Sie den Stuhl erst um und streichen Sie die Unterseite, die Stuhlbeine und die Verstrebungen. Auf diese Weise sollten Sie auch vorgehen, wenn Sie die Maltechniken anwenden. Erstens ist das leichter, und zweitens haben Sie dadurch die Möglichkeit, den Effekt an weniger sichtbaren Stellen auszuprobieren.

Bevor Sie mit dem Streichen beginnen, sollten Sie die Stühle gründlich reinigen, indem Sie sie erst mit mittlerem und dann mit feinem Sandpapier abschleifen. Wenn Sie rauhes oder hartes Sandpapier verwenden, kann das Holz zerkratzt und beschädigt werden. Danach waschen Sie das Holz mit einer Lösung, die zu gleichen Teilen aus warmem Wasser und Essig besteht.

Verwenden Sie dazu eine alte Haushaltsbürste. Sie können auch ein Möbelreinigungsmittel kaufen, das allerdings teurer kommt. Das Holz muß völlig trocken sein, bevor Sie mit dem Streichen beginnen. Außerdem sollten Sie ein Holzwurmmittel auftragen, falls Sie Anzeichen eines Befalls bemerken.

Skandinavischer Stuhl mit Volute

Checkliste

- Elektrische Schleifmaschine und/oder mittleres und feines Sandpapier
- Weiche Lappen
- Essig und Wasser
- Alte Nagel- oder Haushaltsbürste
- Möbelklarwachs
- Künstlerpinsel – 1 feiner Strichzieher, 1 Pinsel mit kurzer, rechteckiger Spitze (Größe 1 oder 2) und 1 Flächenstreicher (Größe 1)
- Künstleracrylfarben in der Tube – Preußischblau, gelber Ocker, Kadmiumgelb, Weiß, Schwarz und Umbra gebrannt
- Künstlerölfarbe in Umbra natur
- Kleine Dose mit Vergolderwachs
- Flache oder runde Malerpinsel, 25 und 40 mm
- Traditionelle Möbelfarbe oder Emulsion in Altweiß, Gelb und Dunkelrot
- Reinigungstuch
- Holzleim
- 2 Schrauben und Schraubenzieher
- Bohrer
- Aus einer Faserplatte ausgeschnittene Volute
- Fixierspray
- Pauspapier
- Kohlepapier

Dieses Design habe ich für die Stühle eines Restaurants entworfen. An der Oberseite der Lehne wird eine Volute angebracht. Ein Tischler schnitt die Voluten entsprechend meiner Vorlage aus Faserplatten aus. Sie können die Voluten auch bei einem Unternehmen, das sich auf das Ausschneiden von Vorlagen spezialisiert hat, bestellen (siehe auch die Bezugsquellen auf S. 111). Faserplatten eignen sich hervorragend zum Bemalen.
Ich beschloß, die Stühle in Altweiß zu streichen, sie rissig und alt wirken zu lassen, mit Handmalereien zu veredeln und mit Vergoldungen teilweise zu betonen. Abschließend entwarf ich passende Sitzkissen mit Quasten aus Jute, Raphia und goldenem Lurexgarn. Als die fertigen Stühle im Restaurant aufgestellt wurden, wirkten sie ungewöhnlich, edel und teuer. Einige Kunden sprachen die Besitzerin darauf an und fragten sie, wo man diese Stühle kaufen könne. Sie hielten sie für echte Antiquitäten. Das Projekt war ein großer Erfolg.

• *Der Volutenaufsatz wird aus Faserplatten ausgeschnitten.*

1 Entwurf des Volutenaufsatzes

Stuhlbreite abmessen, Vorlage entsprechend vergrößern und auf dickes Papier oder Karton zeichnen. Die erforderliche Anzahl an Voluten aus Faserplatten ausschneiden lassen – Sind Sie geübt im Umgang mit der Säge, können Sie sie auch selbst anfertigen. – An beiden Enden der Volute ein Loch bohren und mit einer Senkschraube an der Lehne befestigen. Alle aufeinanderstoßenden Kanten sollten zusätzlich verleimt werden.

2 Auftragen des Basisanstrichs

Nach dem Befestigen der Volute die rauhen Kanten mit feinem Sandpapier abschleifen und den Stuhl gründlich mit einem Reinigungstuch abwischen, um Staubreste zu entfernen. Den Stuhl mit einer Schicht traditioneller Möbelfarbe in Dunkelrot streichen. Angegebene Trocknungszeit einhalten.

3 Auftragen des Krakeliermittels
Teile des Stuhls mit dem Krakeliermittel bestreichen. Dabei die Gebrauchsanweisung genau befolgen und das Mittel weder zu dick auftragen noch verrinnen lassen. Die Stellen, an denen die Malerei aufgetragen wird, freilassen, nur rundherum ein wenig streichen. Oberseite und Kanten der Volute nicht vergessen. Alle bestrichenen Stellen werden rissig und schälen sich leicht, sobald der nächste Anstrich aufgetragen wird.

4 Zweiter Anstrich
Ein wenig gelben Ocker (Holzbeize oder Acrylfarbe) mit traditioneller Farbe oder Emulsion in Altweiß mischen. Durch die anschließende Behandlung mit Wachs wirkt die Farbe noch etwas dunkler. Pinsel gut tränken und die cremefarbene Mischung mit raschen, gleichmäßigen Strichen auftragen. Nicht zu oft über die rissigen Stellen streichen, da der Effekt sonst verloren geht. Wenn die Farbe zu dick wird oder verrinnt, trotzdem trocknen lassen.

• *Zweiten Anstrich über dem Krakeliermittel auftragen.*

5 Abschleifen
Rauhe Stellen, zu dicke oder verronnene Farbe mit feinem Sandpapier oder Naß-Trocken-Papier vorsichtig abschleifen. Falls es fleckige Stellen gibt, an denen die Farbe zu dünn aufgetragen wurde, kann sie jetzt mit der cremefarbenen Mischung ausgebessert werden. Nach dem Trocknen nochmals abschleifen. Durch das Naß-Trocken-Papier entstehen künstliche Abnutzungsspuren und Stellen, an denen der rote Basisanstrich ein wenig durchscheint. Genau diesen Effekt sollten Sie anstreben.

• *Motiv auf die Lehne pausen.*

6 Übertragen des Motivs
Die Vorlage auf S. 107 mit einem dicken Bleistift auf Pauspapier übertragen. Ein Kohlepapier mit der beschichteten Seite nach unten und dem Pauspapier darüber auflegen. Das Motiv vorsichtig auf die gestrichene Fläche durchpausen. Eine dünne Schicht Fixierspray aufsprühen.

7 Ausmalen des Motivs

Ein wenig Gelbocker, Kadmiumgelb und Weiß auf eine Palette geben und mit Hilfe des flachen Pinsels (Größe 1) gut vermischen, bis ein hellgelber Ton entsteht. Für ein helles Blaugrau vermischen Sie Grau (aus Schwarz und Weiß), Preußischblau und Weiß. Den flachen Pinsel benetzen und seitlich mit Farbe tränken, die innerhalb des Motivs verstrichen wird. Die gelbe Farbe für die Blumen und die blaue für die Schnörkel verwenden.
Mit dem runden Pinsel das Blumenmotiv mit gelbem Ocker und gebranntem Siena nachziehen. In einer etwas dunkleren Mischung aus Grau, Preußischblau und Weiß die Schnörkel auf einer Seite nachziehen. Anschließend mit dem Strichzieher die zartesten Linien und Details nachziehen und ausmalen.

• *Motiv ausmalen.*

8 Auftragen von Vergolderwachs und gebrannter Umbra

Ein wenig gebrannte Umbra in einen Behälter geben und mit Daumen und Zeigefinger auf Kanten, Ecken und Volutenoberseiten verstreichen. Den rechten und linken Daumen auf dem Mittelstück der Volute aufsetzen und zwei in die entgegengesetzte Richtung verlaufende Halbkreise zeichnen. Dadurch wirkt die Volute, als wäre sie in der Mitte durchbrochen. Denselben Vorgang mit dem Vergolderwachs wiederholen. Sie brauchen beim Auftragen nicht zu genau sein, da verwischte Linien den Effekt unterstreichen. Besonders gut wirkt diese Technik, wenn sie über Umbra natur angewendet wird. Dadurch entsteht ein Effekt, der altem Blattgold ähnlich ist.

• *An den Kanten Vergolderwachs auftragen.*

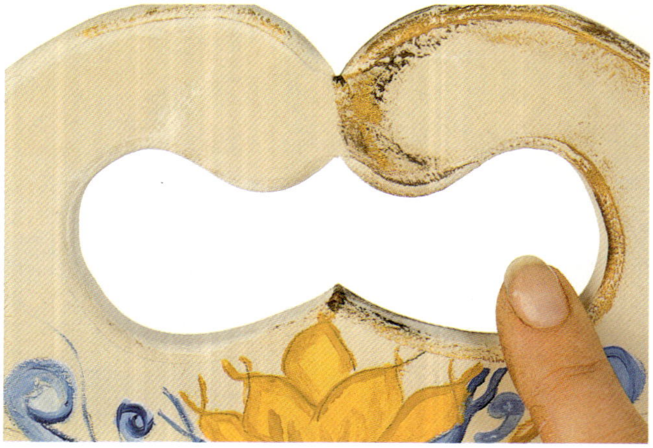

9 Wachsen und Polieren

Mit einem sauberen Lappen Klarwachs auf dem gesamten Stuhl auftragen. Anschließend polieren, bis der Anstrich zart glänzend ist.

• *Fertiger Stuhl mit bemalter Volute im skandinavischen Stil.*

Stuhl mit einfacher Bauernmalerei

Es ist nicht schwierig, einen Stuhl mit deutscher oder altamerikanischer Bauernmalerei zu gestalten. Im späten 18. Jahrhundert wurde dieser Stil von deutschen Siedlern in Pennsylvannia eingeführt. Die traditionellen Motive umfassen Blumen, Blattranken und Tiere, die mit geometrischen Figuren abwechseln. Hier zeige ich eine unkomplizierte Malerei mit einfacher Antikisierungstechnik. Um die Formen zu betonen, montierte ich an der Oberseite der Lehne auch noch Türknäufe aus Holz.

Checkliste

- Elektrische Schleifmaschine und/oder mittleres und feines Sandpapier
- Weiche Lappen
- Essig und Wasser
- Alte Nagel- oder Haushaltsbürste
- Möbelklarwachs
- Künstlerpinsel – 1 feiner Strichzieher (Größe 1) und ein flacher Pinsel (Größe 1)
- Künsteracrylfarbe aus der Tube – Rot, Preußischblau und gelber Ocker
- Flache oder runde Malerpinsel, 25 und 40 mm
- Traditionelle Möbelfarbe oder Emulsion in Altweiß und Dunkelrot
- Krakeliermittel
- Papier
- Schere
- Maßband
- Bleistift
- Reinigungstuch
- 2 Türknäufe aus Holz
- 2 doppelseitige Schrauben
- Holzleim

1 Vorbehandlung

Nach dem Abschleifen des Stuhls mit feinem Sandpapier zwei kleine Türknäufe aus Holz oben auf der Lehne, genau über den Seitensprossen, montieren. Mit einer doppelseitigen Schraube und Holzleim befestigen. Zur Befestigung ein Loch in die Oberseite der Lehne bohren, die doppelseitige Schraube mit einer Zange hineinschrauben und den Knauf aufschrauben. Vielleicht finden Sie Knäufe, auf denen bereits Schrauben montiert sind. Dann können Sie den Knauf direkt ins Loch schrauben. Anschließend verleimen und überschüssigen Holzleim mit einem trockenen Lappen abwischen. Rauhe Kanten mit feinem Sandpapier abschleifen und den Stuhl mit dem Reinigungstuch reinigen.

2 Auftragen des Basisanstrichs

Eine Schicht traditioneller Möbelfarbe in Dunkelrot auf dem ganzen Stuhl auftragen und entsprechend der Gebrauchsanweisung trocknen lassen.

• Knäufe an die Oberseite der Lehne schrauben.

3 Auftragen des Krakeliermittels

Unter Beachtung der Gebrauchsanweisung den Stuhl stellenweise mit dem Krakeliermittel streichen. Das Mittel nicht zu dick auftragen oder verrinnen lassen. Die Stellen, an denen später die Malerei aufgetragen wird, freilassen, nur rundherum ein wenig streichen. Das Mittel auf jeden Fall an der Lehnenoberseite und teilweise an den Knäufen auftragen. Alle mit diesem Mittel gestrichenen Stellen werden rissig und schälen sich leicht, sobald der nächste Anstrich aufgetragen wird.

• *Halbkreisförmiges Papier als Vorlage verwenden.*

4 Zweiter Anstrich

Ein wenig gelben Ocker (Holzbeize oder Acrylfarbe) mit traditioneller Farbe oder Emulsion in Altweiß mischen. Durch die anschließende Behandlung mit Wachs wirkt die Farbe etwas dunkler. Pinsel gut tränken und die cremefarbene Mischung mit raschen, gleichmäßigen Strichen auftragen. Nicht zu oft über die rissigen Stellen streichen, da der Effekt sonst verloren geht. Wenn die Farbe zu dick wird oder verrinnt, trotzdem trocknen lassen.

• *Entlang der Sprossen eine blaue Linie ziehen.*

• *Blattkonturen aufzeichnen.*

5 Abschleifen

Rauhe Stellen, zu dicke oder verronnene Farbe mit feinem Sandpapier oder Naß-Trocken-Papier vorsichtig abschleifen. Falls es fleckige Stellen gibt, an denen die Farbe zu dünn aufgetragen wurde, mit der cremefarbenen Mischung ausbessern. Nach dem Trocknen nochmals abschleifen. Durch das Naß-Trocken-Papier entstehen künstliche Abnutzungsspuren und Stellen, an denen der rote Basisanstrich ein wenig durchscheint. Genau diesen Effekt sollten Sie anstreben.

6 Aufzeichnen der Konturen

Ein halbkreisförmiges Stück Karton ausschneiden und in der Mitte der Lehne zwischen den Knäufen auflegen. Der Bereich um den Halbkreis sollte ca. 2,5 cm breit sein. Legen Sie den Karton am Holz an und ziehen Sie vorsichtig mit dem Strichzieher eine blaue Linie um die halbkreisförmige Vorlage. Mit der geraden Seite des Kartons ziehen Sie entlang der Sprossenkanten der Lehne ebenfalls blaue Linien (siehe Abb.). Von jeder Farbe ein wenig auf eine Palette geben und damit die Umrisse von drei paarförmig angeordneten Blattmotiven zeichnen. Dabei einmal Preußischblau, einmal Gelbocker verwenden (siehe Abb.). An beiden Enden der Blattranke je ein kleines knospenförmiges Motiv in Tomatenrot mit Blättern in Preußischblau anbringen.

7 Ausmalen der Motive

Die Farben mit etwas Wasser mischen. Zu den Grundfarben ein wenig weiße Farbe hinzufügen, um sie aufzuhellen. Die Motive damit ausmalen. Den Pinsel seitlich mit der dunkleren Farbe tränken und ohne Wasser am äußeren Rand einen kräftigen Strich über die hellere Farbe ziehen. So entsteht ein Kontrasteffekt, der wie ein Schatten wirkt. Entsprechend der Gebrauchsanweisung trocknen lassen. Falls gewünscht, die Vorlage entsprechend verändern und den Vorgang auf den restlichen Sprossen wiederholen.

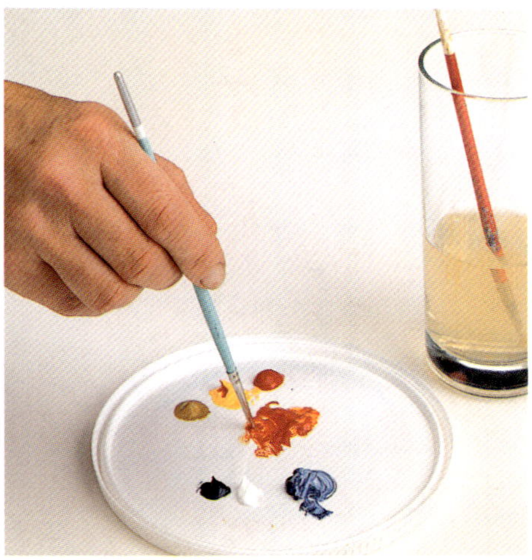

• *Farben auf der Palette mischen.*

8 Antikisierungseffekt

Ein wenig Preußischblau auf einen kleinen Deckel oder in einen Behälter geben und diese Farbe willkürlich auf Kanten, Ecken, Verbindungsteile und Knäufe streichen. Trocknen lassen und denselben Vorgang mit der Vergoldercreme wiederholen.

• *Mit Sandpapier künstliche Abnutzungsspuren erzeugen.*

9 Abschleifen der Malerei

Die Farbe muß völlig trocken sein. An einigen Stellen mit feinem Naß-Trocken-Papier vorsichtig auf und ab streichen und dabei ein wenig Farbe abschleifen, um künstliche Abnutzungsspuren zu erzeugen.

10 Wachs- oder Lackanstrich

Klarwachs mit einem sauberen Lappen gleichmäßig auftragen, laut Gebrauchsanweisung trocknen lassen und polieren bis die Fläche zart glänzt. Man kann auch mit einem kleinen Lackpinsel zwei Schichten Lack auftragen. Dazwischen jedesmal trocknen lassen.

• *Fertiger Stuhl mit traditioneller Bauernmalerei.*

Fernöstlicher Lackstuhl

Zu diesem Stuhl wurde ich inspiriert, als meine Tochter mit meiner Mutter nach einer Vorstellung des Pantomimen *Aladdin* nach Hause kam. Sie trug einen originellen Hut mit einem Drachen und fernöstlichen Schriftzeichen. Ich kopierte die Motive, schnitt sie aus und verwendete sie für eine einfache Découpage. Sie können jedes Motiv Ihrer Wahl dafür verwenden oder selbst handgemalte Motive entwerfen. Ich wählte die einfachere Alternative.

Bunte oder klare Lackfarbe ist speziell für fernöstliche Lackarbeiten geeignet. Doch mit Hochglanzlack oder Acryllasur kann man denselben Effekt erzielen. Die Verwendung von fröhlichem, hellem Rot zusammen mit Schwarz und Gold hat bei fernöstlichen Lackarbeiten Tradition. Lackfarben wurden ursprünglich aus Baumsäften hergestellt, heute verwendet man dafür synthetische Stoffe.

Checkliste

- Fixierspray
- Genügend Kopien mit fernöstlichen Motiven
- Hellrote Eierschal- oder Glanzfarbe
- Eine Tube Künstlerölfarbe in Schwarz
- Kleine, spitze Schere
- Künstlerleim
- Lackfarbe
- Lackpinsel
- Kleiner Malerpinsel

1 Vorbereitung des Motivs

Von der Vorlage mehr Kopien anfertigen als benötigt. Nicht vergessen, einige Drachen auch umzudrehen (siehe Vorlage S. 109); Man braucht drei Drachenpaare. Auch ein paar Schriftzeichen und Teile davon für die Schmalseiten des Stuhls kopieren. Alle Motive mit der kleinen, spitzen Schere vorsichtig ausschneiden.

2 Auftragen der hellroten Farbe

Stuhl umdrehen und zuerst Unterseite und Stuhlbeine streichen. Dann wieder aufstellen und die Farbe am restlichen Stuhl auftragen. Entsprechend der Gebrauchsanweisung trocknen lassen und anschließend nochmals streichen.

3 Aufkleben der Motive

Rückseite der Ausschnitte mit Künstlerleim bestreichen und auf die gewünschte Stelle kleben. Ich applizierte ein Drachenpaar auf die Oberseite der Lehne und je eines auf die Vorder- und Rückseite der Sprosse. Mit einem sauberen Lappen abtupfen, um überschüssigen Leim zu entfernen. Dabei die Ausschnitte fest auf das Holz drücken. Wenn der Leim trocken ist, die Découpage mit Fixierspray besprühen, damit sie nicht verwischt.

• Stuhl mit hellroter Farbe streichen.

• *Motive auf den Stuhl kleben.*

• *Stuhl mit schwarzer Ölfarbe nachdunkeln.*

4 Nachdunkeln

Mit dem Daumen über die Tubenöffnung der schwarzen Künstlerölfarbe streichen, so daß ein wenig Farbe daran haften bleibt. Zwischen Daumen und Zeigefinger verreiben und damit über Kanten und Verbindungsteile streichen. So erhält der Stuhl ein altes, abgenutztes Design. Der Effekt wirkt besonders echt, wenn man auch die Teile der Sitzfläche behandelt, die bei einem alten Stück am stärksten abgenutzt wären. Einige Sitzflächen weisen eine Mulde auf, die auf diese Weise betont werden kann.

• *Tiefe und den Glanz der roten Farbe werden durch das Lackieren verstärkt.*

5 Auftragen der Lackfarbe

Mit einem kleinen Lackpinsel zwei Schichten Lackfarbe oder Hochglanzfarbe auftragen und dazwischen entsprechend der Gebrauchsanweisung trocknen lassen. Den Lack aushärten lassen, bevor der Stuhl verwendet wird.

• *Lackfarbe auftragen.*

Stuhl im Shaker-Stil

Der derzeit sehr beliebte Shaker-Stil, der durch seine Einfachheit bestiсht, geht auf die amerikanischen Siedler zurück. Große Unternehmen stellen solche Möbel in den hellen, gedämpften Naturfarben von Leinen und Jute und in Enteneiblau her. Ursprünglich wurden die Stühle an die Wand gehängt, wenn sie nicht verwendet wurden. Aus dem Holz schnitt man einfache Motive, wie Blumen und Herzen, aus. Dieses unkomplizierte Design fügte sich hervorragend in die schmucklose Umgebung ein.

Wenn Sie bei der Neugestaltung von Stühlen unsicher sind und nicht wissen, was in Ihre Wohnung paßt, sollten Sie sich an diesen minimalistischen Stil halten, der mit den meisten Einrichtungen harmoniert. Sie können das Design auch mit anderen Farben ausführen.

Dieser Stuhl wurde in Enteneiblau gestrichen und mit handgemalten Blumenmotiven veredelt. Die Grundfarbe wird durch die abschließende Behandlung mit Wachs etwas dunkler. (Eine gute Methode, das zu testen, besteht darin, vor dem Wachsen einen Finger abzulecken und auf die gestrichene Fläche zu drücken. So kann man ungefähr die endgültige Farbe bestimmen.) Für diese Farbe brauchen Sie neutrales Wachs, das einen leichten Grauton aufweist und somit zur blaugrauen Schattierung paßt.

1 Vorbehandlung

Zum Reinigen ein Möbelreinigungsmittel verwenden oder eine Lösung, die zu gleichen Teilen aus Essig und Wasser besteht. Anschließend trocknen lassen. Mit mittlerem und feinem Sandpapier abschleifen, falls erforderlich, mit Holzwurmmittel behandeln.

2 Mischen der Farbe

Die Hälfte vom Altweiß in die Farbkanne gießen und ein wenig traditionelle Farbe in Dunkelblau hinzufügen. Gut verrühren und nach und nach mehr Dunkelblau hinzufügen, bis der gewünschte hellblaue Ton erreicht ist. Wurde zuviel Dunkelblau beigemischt, läßt sich die Farbe schwer wieder aufhellen, daher sollte man sich zum Mischen der Farbe genügend Zeit nehmen.

Checkliste

- Zum Mischen von Enteneiblau: Traditionelle Farbe oder Pigmentfarbe in Altweiß und Dunkelblau, eine Farbkanne und ein Rührstöckchen

ODER hellblaue Fertigmischung auf Wasserbasis

- Malerpinsel, 50 mm
- Feiner Strichzieher (Größe 0)
- Feiner Künstlerpinsel
- Künstleracrylfarbe in Preußischblau und Weiß
- Neutrales Möbelwachs
- Weicher, sauberer Lappen
- Mittleres und feines Sandpapier

• *Ersten Anstrich auftragen.*

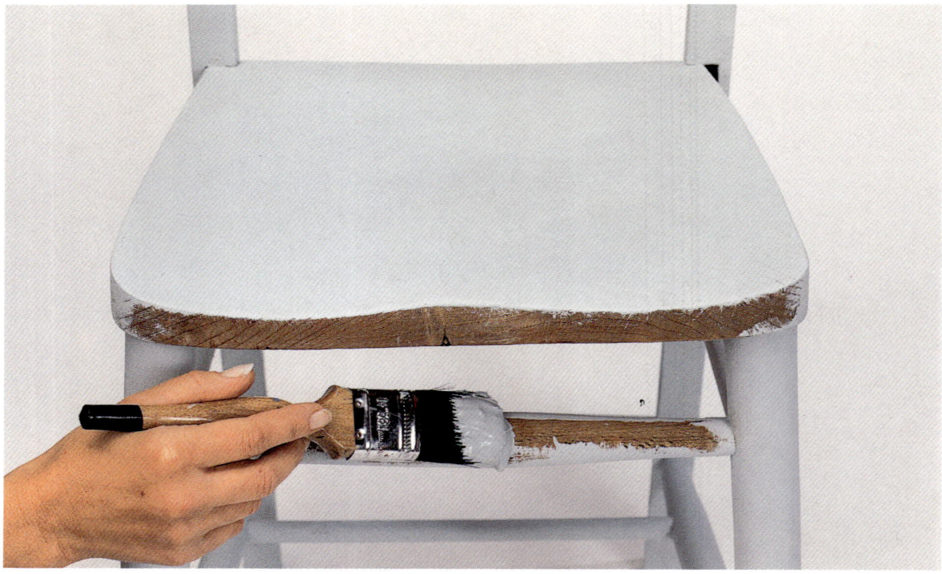

3 Auftragen der Grundfarbe

Auf dem gesamten Stuhl zwei Schichten blaue Farbe auftragen. Erst den Stuhl umdrehen und mit der Unterseite und den Stuhlbeinen beginnen. Dazwischen entsprechend der Gebrauchsanweisung trocknen lassen.

4 Aufmalen des Blumenmotivs

Ein wenig Künstleracrylfarbe in Preußischblau und Weiß auf die Palette geben. Strichzieher in Wasser tauchen. Auf der Palette ein wenig blaue und weiße Farbe vermischen, bis ein helles Blau entsteht. Mit der hellblauen Farbe das Motiv an der gewünschten Stelle auftragen. Zuerst einen kleinen Kreis malen, der den Mittelteil der Blume darstellt, und danach rundherum die fünf Blütenblätter.

Einen feinen Künstlerpinsel in Preußischblau tauchen und damit eine Seite jedes Blütenblatts sowie den Kreis nachziehen. Entsprechend der Gebrauchsanweisung trocknen lassen.

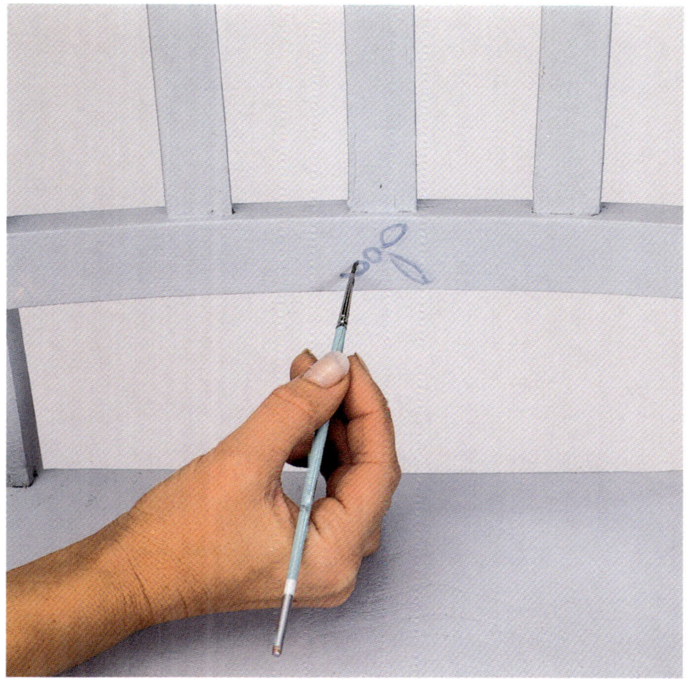

• *Blütenblätter aufmalen.*

5 Wachsen

Den weichen Lappen zusammenknüllen und mit neutralem Wachs gut tränken. Das Wachs kreisförmig auf alle Flächen auftragen und polieren. Mindestens zwei Schichten auftragen, damit die Fläche gleichmäßig und zart glänzend wird.

• *Wachs mit einem weichen Lappen auftragen.*

• *Gewachste Fläche polieren bis sie gleichmäßig glänzt.*

• *Dieses einfache Design ist für andere Stücke leicht abwandelbar.*

Tisch mit Weinranken

Meine Mutter fragte mich, ob ich ihren Eßzimmertisch so gestalten könnte, daß er nicht zu dominierend wirkt. Sie wollte ein funktionelles Stück, das auch unbenutzt den Raum beleben sollte.

Ich entwarf ein Design, das tagsüber gut aussah und abends einen schönen Rahmen für ein festliches Essen bot. Bei diesem Stück handelt es sich um einen Tisch mit runden Kanten, der in der Mitte ausgezogen werden kann. Dies ist zu berücksichtigen, wenn man die Größe des zentralen Motivs ermittelt. Der Tisch läßt sich mit einem Lackentferner abziehen. Die genaue Gebrauchsanweisung finden Sie auf dem Behälter. Viele moderne Farben lassen sich über einem alten Anstrich auftragen, doch sollte man die Flächen vorher abschleifen, damit die Farbe gut haftet. Über die Malerei kann man mehrere Schichten Acryllasur oder Lack auftragen, um den Anstrich zu schützen und strapazierfähig zu machen.

Über dem cremefarbenen Basisanstrich erzeugte ich mit karamelfarbener Lasur Wirbeleffekte. Ich wählte eine Schablonenarbeit mit großen Weintrauben und Blättern als zentrales Motiv und brachte entlang der Tischkante eine Weinranke an.

Checkliste

- Transparente Öllasur
- Testbenzin
- Großer Löffel
- Künstlerölfarbe in Umbra gebrannt und gelbem Ocker
- Eierschalfarbe in Creme
- Stupfbürste
- Haushaltsfolie
- Seidenmatte oder glänzende Acryllasur
- Heizkörperwalze mit Abdeckung für Ölfarben
- Plastikschablonenfolie
- Sprühkleber
- Öl-Sticks in Weinrot, Dunkelblau, Blattgrün und dunklem Smaragdgrün
- Overheadfolien-Stift mit feiner Spitze
- Skalpell und Klinge
- Farbkanne
- Schleifmaschine und/oder mittleres und feines Sandpapier
- Feine Stahlwolle
- Lackentferner
- Malerpinsel, 50 mm
- Reinigungstuch
- Feines Glas- oder Sandpapier
- Maßband
- Tapeziererbürste

1 Vorbehandlung
Tisch mit Lackentferner abziehen, danach erst mit mittlerem, dann mit feinem Sandpapier abschleifen. Anschließend feine Stahlwolle in Testbenzin tauchen und den Tisch vorsichtig damit abreiben. Trocknen lassen und mit einem Reinigungstuch abwischen.

• *Ölfarbe in die Öllasur rühren.*

• *Karamelfarbene Lasur auftragen.*

2 Auftragen des Grundanstrichs
Tisch umdrehen; Unterseite und Tischbeine in Creme streichen. Trocknen lassen und einen zweiten Anstrich auftragen. Nach dem Trocknen Tisch wieder aufstellen. Anschließend die Tischplatte bearbeiten. Ich verwendete eine Heizkörperwalze mit einer Rolle, um die Ölfarbe aufzutragen, und um keine Pinselspuren zu hinterlassen. Außerdem kann man mit der Walze rascher arbeiten und einen glatten Untergrund für die Malerei herstellen. Nach dem Trocknen den ersten Anstrich sehr vorsichtig mit ganz feinem Glaspapier schleifen, um Härchen und Farbpartikel zu entfernen. Anschließend nochmals streichen. Wenn die Farbe nach zwei Anstrichen nicht vollständig deckt, eventuell ein drittes Mal Farbe auftragen. Jede Schicht entsprechend der Gebrauchsanweisung trocknen lassen und abschleifen.

3 Mischen der Lasur
Einen Löffel transparente Öllasur in eine Farbkanne geben, eine Tubenbreite Ölfarbe in Gelbocker hinzufügen und halb soviel Umbra gebrannt. Verrühren, bis die Mischung glatt ist. Ölfarbe nach und nach im gleichen Verhältnis hinzufügen, bis die Lasur karamelfarben ist. Wenn der gewünschte Farbton erreicht ist (Testen Sie, indem Sie etwas Farbe auf die Fingerspitze geben und an der Unterseite des Tisches über der Eierschalfarbe verstreichen.), nach und nach transparente Öllasur und Testbenzin im Verhältnis zwei zu eins hinzufügen und einen Löffel cremefarbene Eierschalfarbe dazumischen, bis genügend Farbe zur Verfügung steht. Die Konsistenz sollte wie Sahne sein. (Ich verwendete für meinen Tisch acht Löffel Lasur – es ist besser, zuviel als zuwenig Farbe zu haben.)

4 Auftragen der Lasur
Zuerst die Tischbeine bearbeiten, um die neue Technik an einer weniger sichtbaren Stelle auszuprobieren. Die karamelfarbene Lasur auf die Tischbeine streichen und sofort stupfen, d. h. die Bürste gleichmäßig und nicht zu fest abheben und wieder aufsetzen, um die Pinselstriche zu vertreiben. Den Vorgang auf der Tischplatte wiederholen. Danach sofort zum nächsten Schritt übergehen.

• *Karamelfarbene Lasur stupfen.*

• *Vorlagenumrisse nachziehen.*

5 Herstellen der Wirbeleffekte
Von der Haushaltsfolie 30 cm große, rechteckige Stücke abschneiden. Jedes Stück mit beiden Händen zwischen Daumen und Zeigefinger 30 cm über der Fläche halten, über den Tisch beugen und in die Mitte der Folie blasen, so daß sie auf den Tisch hinunter gleitet. Über die gesamte Folie blasen, während diese auf der Lasur klebt. Folie an einer Ecke vorsichtig abheben und auf einmal abziehen. Diesen Vorgang auf der gesamten Tischplatte wiederholen, dabei einige Male überlappen lassen, damit nichts vergessen wird und keine harten Ränder entstehen. Danach die Tischbeine ebenso bearbeiten. Folie wechseln, sobald zuviel Lasur darauf klebt. Über Nacht trocknen lassen.

6 Herstellen der Schablone
Vorlage auf S. 108 mit Overheadfolien-Stift (kann nicht verwischen) auf Schablonenfolie übertragen. Mit dem Skalpell ausschneiden. Es gibt fünf Motive: Blätter mit zwei Trauben, zwei einzelne Trauben (die separat aus einem 15 cm großen Folienstück ausgeschnitten werden) und zwei Weinranken.

7 Auflegen der Schablone
In der Mitte der Tischplatte einen Kreis ausmessen und die Schablone hineinlegen. Zwischen den großen Trauben gleichmäßige Abstände einhalten. Anschließend kleinere Trauben dazwischen einfügen.

• *Mit der Folie Wirbeleffekte auf der Tischplatte erzeugen.*

8 Schablonieren des zentralen Motivs
Eine dünne Schicht Sprühkleber auf die Rückseite der Schablone sprühen und an der richtigen Stelle auflegen. Die Verpackung der Schablonen-Sticks aufreißen und die Sticks an einem Stück Folie reiben. Dadurch bleibt Farbe auf der Plastikfolie, die anschließend als Palette verwendet wird. Mit dem Schablonenpinsel ein wenig von der blattgrünen Farbe aufnehmen und damit die Blätter kreisförmig stupfen. Danach ein wenig Dunkelgrün aufnehmen und damit einige Konturen betonen. Mit einem anderen Pinsel die Trauben in Weinrot ausmalen. Dieses Motiv fortsetzen, bis es ganz fertig ist.

• Traube in überlappenden Einzelelementen auftragen.

• Motivaufbau erst auf Papier üben.

9 Das Traubenmotiv
Ich kaufte eine Traube und versuchte, das Motiv auf einem Stück Papier aufzubauen, bevor ich die Schablonenarbeit direkt auf der Tischplatte ausführte. Als Richtlinie fertigte ich eine Traube an (siehe oben) und entwarf auch einzelne halbe Trauben, damit das Motiv eine bessere Form erhält und spitz zuläuft.
Die Mischung aus Rot und Blau ergibt Violett, mit dem einzelne Trauben und die Umrisse dunkler betont werden können.
Beginnen Sie oben mit den zwei Trauben der Vorlage und zeichnen Sie anschließend die große Traube an der Außenseite sowie die darunterliegende. Arbeiten Sie mit heller, transparenter Farbe, damit die Trauben auch überlappen können, wodurch ein dreidimensionaler Effekt entsteht. Nachdem Sie ca. fünf große Trauben untereinander aufgetragen haben, nehmen Sie die kleinere Traube und tragen vier oder fünf Stück davon durcheinander an der Spitze auf. Betonen Sie die oberen, größeren Trauben mit der dunkleren, violetten Farbe. Es dauert eine Zeitlang, bis Ölfarben völlig ausgehärtet sind, daher sollten Sie rund 48 Stunden oder länger trocknen.
Je nach Tischform möchten Sie vielleicht beim zentralen Motiv weitere Trauben hinzufügen – Ich malte zwischen die größeren noch eine Minitraube, die von der Vorlage für die kleine Traube stammt.

• *Ansicht der Tischplatte mit Trauben- und Weinrankenmotiven.*

• *Weinranke anfertigen.*

• *Tisch mit Acryllasur lackieren.*

10 Die Weinranke an der Tischkante

Das Hauptmotiv verwenden. Trauben und Stengel zwischen den Blättern mit einem kleinen Stück Plastik abdecken, das mit Sprühkleber fixiert wird. Für die Bordüre brauchen Sie nur die Blätter. Ein nach außen zeigendes Blatt mit nach innen zeigender Ranke an der Tischkante anbringen, daneben ein nach innen zeigendes Blatt mit nach außen zeigender Ranke (siehe oben).

11 Acryllasur als Lack

Wenn Sie Lack auf Ölbasis verwenden, werden die Farben gelbstichig, daher sollten Sie statt dessen zu klarem Acryllasurlack greifen, von dem mehrere Schichten aufgetragen werden. Es gibt matten, seidenmatten und glänzenden Lasurlack.

Mit einem Acryllasurpinsel die Tischbeine und -flächen mehrmals streichen und jedesmal entsprechend der Gebrauchsanweisung trocknen lassen. Der Anstrich ist erst milchig, wird nach dem Trocknen jedoch transparent. Die Lasur trocknet sehr rasch, daher nicht zu oft darüber streichen.

Schrank mit Kieferpaneelen

Es ist schon eine Zeitlang her, daß ich diesen Schrank kaufte, der bereits abgezogen und in gutem Zustand, jedoch ungewachst und ohne Anstrich war. Seitdem wir umgezogen waren, stand darauf unser Fernseher, und ich wartete auf eine Inspiration, wie ich ihn neu gestalten konnte, ohne das alte Kiefernaturholz zu verderben. Möbel aus altem Kiefernholz sind sehr gefragt und ziemlich teuer, daher fand ich, es wäre schade, das Holz unter einem Anstrich zu verstecken.

Eines Tages kam ich auf dem Nachhauseweg von der Royal-Albert-Hall, wo ich gerade Restaurierungsarbeiten machte, an einigen Läden vorbei, die alte Drucke, Buchseiten und Einwickelpapier verkauften, und stellte fest, daß so etwas gut zu dem Schrank passen würde. Zugleich dachte ich, wie gut die Bilder aussähen, wenn ich sie mit Reißlack antikisierte, um ihnen ein authentisches Flair – wie das alter Meisterwerke – zu verleihen.

Ich suchte unter den Postern und Drucken nach einem Motiv, das für die Küche geeignet war und auch zu dem alten Holz paßte. Diese Drucke mit Darstellungen aus dem 18. Jahrhundert entdeckte ich in einer Lade unter vielen anderen Bildern. Sie waren für meine Zwecke einfach perfekt. »Le jardinier« (der Gärtner) zeigt Früchte, Gemüse und Gartengeräte, während »La confiseuse« (die Zuckerbäckerin) ein ähnliches Design mit Torten und Süßigkeiten aufweist. Sie sind Teile einer Serie, die Kaufleute im Kostüm zeigt. Wie ich später erfuhr, hing der Rest dieser Serie in der Wohnung des Tänzers Rudolf Nurejew.

Zum Wachsen von Kiefermöbeln verwendet man am besten creme- oder kieferfarbenes Wachs, von dem man mehrere Schichten aufträgt und glänzend poliert. Ich kaufte vier Türknäufe aus Holz, die ich an der Unterseite des Schranks anbrachte und ebenfalls polierte. Bienenwachs ist für altes Holz besonders gut geeignet, da es pflegt und schützt.

Checkliste

- Skalpell
- Lineal oder Maßband
- Kleines Glas mit schwarzer Patina oder Ölfarbe in Anthrazit
- Klarwachs
- Saubere, fusselfreie Lappen
- Gedruckte Motive
- Reißlack
- Tapetenkleister oder selbstgemachter Kleister aus Mehl und Wasser
- Klepepads
- Hasenleim
- Kleiner Behälter
- Kleiner Lackpinsel
- Schüssel mit Essig und Wasser
- Holzversiegeler
- Schere

Habit de Jardinier
La Confiseuse
Habit de Jardinier
La Confiseuse

1 Reinigung und Vorbehandlung

Wasser und Essig zu gleichen Teilen in eine Schüssel füllen und den Schrank waschen. Dabei mit einer Nagelbürste oder einem weichen Topfkratzer Schmutz und Staub entfernen. Mit einem weichen Lappen und klarem Wasser abwischen und trocknen lassen.

• *Paneele mit Versiegeler streichen.*

2 Versiegeln der Paneele

Versiegeler an den Stellen auftragen, auf die später die Bilder geklebt werden. Er verhindert ein Durchsickern der Holzsäfte und gewährleistet eine gute Haftung des Kleisters. Entsprechend der Gebrauchsanweisung trocknen lassen.

3 Positionieren der Bilder

Die Bilder in der Größe der Paneele ausschneiden. Mit Klebepads befestigen, bis sie sich am richtigen Platz befinden. Überstehende Ecken vorsichtig abschneiden.

4 Ankleben der Bilder

Kleister laut Gebrauchsanweisung mischen und gleichmäßig auf die Papierrückseite streichen. Das Bild ankleben. Mit einer trockenen Tapeziererbürste oder einem weichen Lappen von der Mitte nach außen streichen, um Luftblasen zu entfernen. Überschüssigen Kleister abwischen. Gut trocknen lassen.

• *Hasenleim auftragen.*

• *Bilder vor dem Zuschneiden abmessen.*

5 Herstellen und Auftragen des Hasenleims

Wenn Sie ein Schwarz-Weiß-Bild verwenden, das kopiert wurde oder von schlechter Qualität ist, sollten Sie es mit Künstlerfixierspray besprühen, damit es nicht verwischt.

16 Teile Hasenleim mit einem Teil warmen Wassers mischen und solange rühren, bis alle Klümpchen aufgelöst sind. Den noch warmen Leim mit einem gut getränkten Pinsel großzügig auf das Bild streichen und trocknen lassen. Dadurch wird der Druck geschützt, und der Reißlack kann nicht in das Papier einsickern.

6 Auftragen von Antikisierungs- und Reisslack

Testen Sie die folgende Technik an einem anderen Bild, bevor sie das richtige in Angriff nehmen. Dadurch erfahren Sie, wie lange der Reißlack einwirken muß (hängt von der Raumtemperatur ab), und wie Sie den gewünschten Antikisierungseffekt erreichen.
Eine Schicht Antikisierungslack auftragen und solange trocknen lassen, bis sie noch feucht aber nicht mehr klebrig ist. Für einen Effekt mit großen Rissen muß der Lack ein- bis eineinhalb Stunden einwirken, für den Effekt mit kleinen Rissen maximal drei Stunden, bevor der Reißlack aufgetragen wird. Die Trocknungszeit richtet sich nach der Luftfeuchtigkeit und der Raumtemperatur. Wenn nach einer Stunde keine Risse erscheinen, mit einem Fön vorsichtig auf die Fläche blasen. Fön abschalten, sobald die ersten Risse auftreten. Gut trocknen lassen. Es gibt Reißlacke auf Acryl- und Wasserbasis. Die erforderliche Trocknungszeit der Gebrauchsanweisung entnehmen.

• *Reißlack auftragen.*

• *Detail des fertigen Krakeliereffekts auf den Schrankpaneelen.*

7 Verstärken der Antikisierung

Ein wenig schwarze Patina oder verdünnte Künstlerölfarbe in Anthrazit auf einen sauberen Lappen geben, über dem trockenen Lack verstreichen und sofort wieder abwischen. Alternativ dazu kann man auch Vergoldercreme verwenden.
Abschließend kann noch einmal Antikisierungslack aufgetragen werden, damit die Fläche stärker glänzt.

Jalousietüren und -läden

Ich wählte für die Jalousietüren und -läden ungiftige Acrylsprayfarbe, da es mühsam und zeitaufwendig ist, die einzelnen Latten und andere komplizierte Ausführungen mit dem Pinsel zu streichen. Die zahlreichen Ecken sind mit dem Pinsel meist schwer erreichbar. Die leicht anzuwendenden Sprayfarben sind in vielen verschiedenen Schattierungen erhältlich. Einige Hersteller produzieren auch ungiftige Farben, die speziell für Kindermöbel und Spielzeug geeignet sind. Ich wählte Türkisblau als Grundfarbe und Siena gebrannt (Rostbraun) für den Sprenkeleffekt. Sprühen und Sprenkeln macht sehr viel Spaß, beides sollte jedoch am besten im Freien oder in einem gut belüfteten Raum durchgeführt werden, und alle umliegenden Flächen sollten ebenso wie Sie selbst und Ihre Kleidung geschützt werden. Die Läden habe ich mit Türangeln befestigt. Messinggriffe in Seepferdchenform runden den Effekt ab.

• *Alte Farbe abschleifen.*

Checkliste

- 3 Dosen mit türkisblauer Sprayfarbe auf Acrylbasis
- Polyurethanspraylack, seidenmatt
- Kleines Töpfchen mit Siena gebrannt auf Wasserbasis oder eine Tube mit Künstleracrylfarbe
- Großer Künstlerpinsel mit langen Borsten
- Stöckchen oder alter Pinsel
- Malerpinsel, 40 oder 50 mm
- Elektrische Schleifmaschine und/oder mittleres und feines Sandpapier

1 Vorbehandlung

Die Türen gründlich mit warmem Seifenwasser oder Kernseife waschen und trocknen lassen. Alle Flächen gut abschleifen, bis abgeschälte, alte Farben oder Lacke entfernt sind. Abwischen.

2 Aufsprühen der Farbe

Farbdose vor der Verwendung schütteln. In einem Abstand von rund 30 cm zur Tür halten und gleichmäßig über eine Seite der Türe sprühen. Tragen Sie statt einer dicken Schicht mehrere dünne Schichten auf, da die Farbe sonst leicht verrinnt. Nach dem Trocknen die Läden umdrehen und den Vorgang wiederholen. Horizontal auflegen und die Kanten besprühen,

danach wieder umdrehen und wiederholen. Die andere Seite der Türe ebenso bearbeiten. Wenn die aufgesprühte Farbe gleichmäßig deckend ist, entsprechend der Gebrauchsanweisung trocknen lassen.

• *Türkisblaue Farbe auf die Türe sprühen.*

3 Sprenkeln mit Siena gebrannt

Für den Sprenkeleffekt Siena gebrannt mit ein wenig Wasser verdünnen. Die Spitze des Künstlerpinsels in die Farbe tauchen und, wie auf dem Foto, gegen ein Stöckchen oder einen anderen Pinsel mit langem Griff schlagen. Den Effekt erst auf Papier ausprobieren, bis Sie wissen, wieviel Farbe man auf dem Pinsel für kleine Sprenkel benötigt. Den Pinsel nicht zu stark tränken. Wenn Sie diese Technik beherrschen, alle Türflächen sprenkeln und entsprechend der Gebrauchsanweisung trocknen lassen.

• *Siena gebrannt auf die gestrichene Türe sprenkeln.*

• *Seepferdchen-Griffe.*

4 Spraylack

Auf alle Flächen der Türen und Läden eine dünne Schicht Polyurethanlack sprühen. Entsprechend der Gebrauchsanweisung trocknen lassen. Anschließend alles ein zweites Mal besprühen.

• *Türe mit Spraylack besprühen.*

Badezimmerschrank

Nach langer Suche fand ich diesen kleinen Glasschrank aus altem Kiefernholz mit einem matten Spiegel an seiner Rückwand. Das Holz war bereits abgezogen, die Oberfläche jedoch war unansehnlich und wies einige schadhafte Stellen auf. Ich bearbeitete das Holz mit der Waschtechnik, um die Maserung durchscheinen zu lassen. Um diese stärker zu betonen, schliff ich den Schrank mit Naß-Trocken-Papier ab. Manche Kanten behandelte ich stärker, andere weniger.

Da ich für Türen und Läden (siehe S. 70) Seepferdchen-Griffe verwendet hatte, fertigte ich eine Seepferdchen- und eine Fischgräten-Schablone an. Die auf die Glastüre und die Seitenflächen des Kästchens aufgesprühten Motive spiegeln sich in der Rückwand. Dann fertigte ich mit den Schablonen eine Wandbordüre und einen Rahmen für die Fensterläden an. Die Vorlagen finden Sie auf S. 108.

Ich ließ ein Regal aus Glas zuschneiden und besprühte zwei dekorative gußeiserne Halterungen mit Goldfarbe. Auf diese Weise läßt sich jede beliebige Regalbefestigung bearbeiten. Die Halterungen werden mit Leim am Glasregal befestigt. Die Wandpaneele strich ich in Siena natur mit einem 50mm-Malerpinsel. Ich ging dabei von oben nach unten vor und zog anschließend den Pinsel nach oben, um einen weichen, maserierten Anstrich zu erhalten (siehe S. 69).

Checkliste

- Helle Emulsionsfarbe in Jade
- Plastikschablonenfilm
- Overheadfolien-Stift
- Dose mit Sprayfarbe
- Abdeckband
- Skalpell
- Sprühkleber
- Maßband
- Saubere Lappen
- Äthylalkohol
- Ein wenig Testbenzin
- Naß-Trocken-Papier oder feine Stahlwolle

1 Auftragen des Basisanstrichs

Die helle Jadeemulsion im Verhältnis eins zu eins mit Wasser verdünnen. Diese Farbe in der Waschtechnik auf alle Holzflächen des Schranks auftragen. (Die Maserung bleibt durch die Farbe hindurch gut sichtbar.) Gut trocknen lassen.

- *Helle Jadeemulsion als Basisanstrich.*

• *Farbe mit Naß-Trocken-Papier abschleifen.*

• *Schablone ausschneiden.*

2 Abschleifen

Die gestrichenen Flächen mit Naß-Trocken-Papier oder feiner Stahlwolle vorsichtig abschleifen, so daß an manchen Stellen Holz und Maserung durchscheinen und die Oberfläche glatt wird. Wenn der Anstrich völlig trocken ist, eine Schicht neutrales Möbelwachs oder Kalkwachs auftragen und polieren.

3 Vorbehandlung des Glases

Ein wenig Äthylalkohol auf einen sauberen, fusselfreien Lappen geben und Spiegel und Glasflächen gründlich reinigen. Polieren und trocknen lassen.

4 Anfertigen der Schablonen

Vorlagen auf S. 108 verwenden. Schablonenfilm über jedes einzelne Motiv legen und die Umrisse mit dem Overhead-folien-Stift nachziehen. Seepferdchen und Fisch mit dem Skalpell aus einzelnen Folien ausschneiden.

5 Auflegen der Schablone

Der Abstand zwischen den Motiven sollte immer gleich sein. Ich brachte oben und unten an der Glasfront Fische an und seitlich die Seepferdchen, damit die Motive zur Gänze sichtbar sind und nicht von den Brettern abgeschnitten erscheinen. Testen Sie zuvor die Schablonen auf Papier.

6 Aufsprühen der Schablone

Vordere Schablonenseite mit Sprühkleber besprühen (die Schablone wird seiten-verkehrt auf die Rückseite der Glasfront geklebt). Schablone fixieren und umliegende Fläche mit Papier und Abdeckband schützen. Aus einer Entfernung von 30 cm einen feinen Farbfilm von links nach rechts aufsprühen. Zu dicke Farbe verrinnt, und die Schablone läßt sich nicht mehr sauber abheben. Überschüssige Farbe mit einem Lappen und Testbenzin abwischen. Nach dem Trocknen kann man Farbreste mit dem Skalpell abkratzen.

• *Schablonen auf Papier ausprobieren.*

• *Schablone aufsprühen.*

Kleiderschrank und Kopfbrett

Ursprünglich suchte ich nach einem Kleiderschrank mit verziertem Volutenaufsatz und Türpaneelen, doch alle Schränke diese Art waren zu teuer. Einfache Second-hand-Schränke gibt es jedoch zu weitaus günstigeren Preisen. Ich überlegte mir, daß ich selbst eine Volute anfertigen und am Schrank befestigen könnte. Bald schon entdeckte ich bei einem Altwarenhändler einen geeigneten, großen Schrank aus Mahagoniholz im viktorianischen Stil.

Ich maß den Schrank ab und fertigte eine Zeichnung an (S. 109), die ich an ein Unternehmen sandte, das die Volute dieser Zeichnung entsprechend anfertigen würde. Das Unternehmen lieferte mir nach zehn Tagen den fertigen Aufsatz. Man kann die Volute natürlich auch selbst mit einer Säge zuschneiden.

Als Ergänzung zum Schrank wollte ich ein verziertes Kopfbrett mit Nachttischchen. Es dauerte wochenlang, bis ich ein solches Kopfbrett fand, doch schließlich entdeckte ich eines, das ich in einem Altwarenladen hinter mehreren Schränken hervorholen mußte.

Obwohl das Kopfbrett im Queen-Anne-Stil gearbeitet war, war ich sicher, daß es zum Kleiderschrank passen würde, sobald ich es mit derselben Maltechnik bearbeitet hätte.

Checkliste

- Mittleres und feines Sandpapier
- Naß-Trocken-Papier
- Traditionelle Farbe oder Emulsion in Altweiß und Mitternachtsblau
- Krakeliermittel
- Künstleracrylfarben in Umbra gebrannt, Siena natur, Weiß, Grau, Preußischblau, Kadmiumgelb
- Künstlerpinsel: Größe 0 und 1; runder Pinsel: Größe 2; flacher Pinsel, 3 mm
- Malerpinsel, 25 und 50 mm
- Kohlepapier
- Pauspapier und Bleistift
- Wachsfirnis, klar oder neutral
- Vergoldercreme
- Weicher, fusselfreier Lappen
- Schraubenzieher
- Vier Halterungen
- Fixierspray

1 Entwurf und Montage des Aufsatzes
Schrankoberseite abmessen und Größe des Aufsatzes bestimmen. Mit Hilfe eines Möbelstückes oder einer Abbildung die Form festlegen und entsprechend den Abmessungen eine Zeichnung anfertigen oder die Vorlage auf S. 109 kopieren. Den Aufsatz aus einer MDF-Faserplatte ausschneiden lassen oder selbst mit der Säge zuschneiden. Vier Halterungen kaufen, mit denen der Aufsatz an der Rückseite des Schranks befestigt wird. Die Kanten dürfen nicht überstehen. Aufsatz fest anschrauben.

2 Abschleifen von Schrank und Kopfbrett
Lack oder altes Wachs mit einer Schleifmaschine (oder händisch) abschleifen, bis die Fläche glatt ist.

3 Vorbehandlung der antikisierten Stellen
Mit dem 25mm-Pinsel die dunklere Grundfarbe, traditionelle Farbe in Mitternachtsblau, an den Stellen auftragen, die antikisiert werden sollen. (Nicht an den Stellen, an denen die Malerei aufgetragen werden soll, damit das Motiv nicht beeinträchtigt wird.)

• *Dunklere Grundfarbe für die Antikisierung auftragen.*

4 Auftragen des Krakeliermittels
Mit einem 25mm-Malerpinsel das Krakeliermittel an den mitternachtsblau gestrichenen Stellen auftragen. Nach Möglichkeit nicht verrinnen lassen. Wenn doch etwas von dem Mittel verronnen ist, nach dem Trocknen vorsichtig abschleifen.

5 Auftragen des zweiten Anstrichs
Mit dem 50mm-Malerpinsel Altweiß auf Schrank und Kopfbrett deckend auftragen. Nichts auslassen. Beim Überstreichen des Krakeliermittels den Pinsel gut tränken, um nicht mehrmals streichen zu müssen. Noch eine zweite Schicht auftragen, jedoch nicht über den Rissen. Ränder ineinander verlaufen lassen. Von den Rißstellen können kleine Farbpartikel abfallen, was jedoch den Effekt verstärkt.

• *Umbra gebrannt als Schattierung auftragen.*

6 Auftragen der Schattierung
Umbra gebrannt in sehr wäßriger Konsistenz mischen und mit dem großen Künstlerpinsel um die Paneele, in den Vertiefungen, an den Außenkanten, erhabenen Stellen und Ecken auftragen. Der Anstrich soll antikisiert und nachgedunkelt wirken.

7 Farbtiefe

Ein wenig Umbra gebrannt auf einen Deckel geben; Mitternachtsblau schütteln und öffnen. Daumen und Zeigefinger einmal in Umbra, einmal in Blau tauchen und willkürlich entlang der oberen Leiste, der Außenkanten, Vertiefungen und Paneelränder streichen. Ebenso über die flachen Vorderseiten des Möbels und des Aufsatzes streichen und an der Innenseite der Verschnörkelungen Kreise bilden.

• *Den Kanten Tiefe verleihen.*

8 Entwurf und Übertragung des Motivs

Den Linien der Vorlage auf S. 107 in der dargestellten und seitenverkehrten Form folgend, ein rundes Motiv für die Ecken der Paneele entwerfen. Die ganze Vorlage in horizontaler Form für die Unterseite der Paneele und die Laden verwenden. Die Motive mit dickem Bleistift oder feinem schwarzem Filzstift auf Pauspapier zeichnen. Ein Stück Kohlepapier mit der Beschichtung nach unten auf das Möbel legen und darauf das Pauspapier mit Abdeckband befestigen. Das Motiv vorsichtig nachziehen und durchpausen.

9 Ausmalen des Motivs

Ein wenig Gelbocker, Kadmiumgelb und Weiß auf einer Palette gut mischen, bis ein heller Gelbton entsteht. Aus Grau, Preußischblau und Weiß ein helles Blaugrau mischen. Einen 3mm-Pinsel in Wasser tauchen, seitlich mit Farbe tränken und die Farbe innerhalb des Motivs verstreichen. Für die Blumen Gelb und für die Schnörkel Blau verwenden.

• *Umrisse des Blumenmotivs betonen.*

• *Motiv übertragen.*

10 Betonen der Ränder

Mit dem runden Pinsel in Größe 2 die Blumenmotive mit Gelbocker und Siena gebrannt nachziehen. Grau, Preußischblau und Weiß mischen und mit einem Pinsel in Größe 1 die Schnörkelränder betonen. Für ganz feine Linien und kleine Details einen Pinsel in Größe 0 verwenden.

• *Malerei mit Naß-Trocken-Papier abschleifen.*

11 Abschleifen mit Nass-Trocken-Papier

Nach dem Trocknen die Fläche mit Naß-Trocken-Papier vorsichtig abschleifen. Einige Stellen nicht bearbeiten, damit die Malerei alt wirkt. Die anderen Stellen ganz zart schleifen, speziell die Risse. Die Unterlage für die abschließende Wachsschicht soll glatt sein.

12 Wachsen

Mit einem weichen, sauberen, fusselfreien Lappen Wachs kreisförmig auftragen. Vor dem Polieren mindestens 20 Minuten trocknen lassen. Daumen und Zeigefinger in Vergoldercreme tauchen und entlang der Kanten, Rillen, Verschörkelungen und Vertiefungen streichen. Zwölf Stunden trocknen lassen und nochmals polieren, bis der gewünschte Glanz erreicht ist.

• *Antikisierte Malerei auf den fertigen Schrankpaneelen.*

• *Zum Abschluß Vergoldercreme auftragen.*

Filigranparavent

Meine Mutter entdeckte diesen hübschen Paravent auf einem sonntäglichen Flohmarkt. Er war dunkelbraun gestrichen und sah nicht sehr interessant aus, doch sie staunte, welch geringe Summe die Besitzer dafür wollten.

Ich konnte mir den Paravent als hübsche Ergänzung in fast jedem Zimmer vorstellen und entschied mich für einen mitternachtsblauen Anstrich und Vergolderwachs zum Hervorheben der Kanten und der wunderbaren Filigranarbeiten. Außerdem wollte ich die Leiste mit gestempelten Goldsternchen verzieren.

Als ich mir den Paravent genauer ansah, stellte ich fest, daß mindestens drei Farbschichten aufgetragen worden waren und das Holz an manchen Stellen ziemlich zerbrechlich wirkte. Darum wollte ich ihn nur vorsichtig abschleifen, um die Farbe zu glätten, die stellenweise zu dick und verronnen war. So erhielt ich eine gute Unterlage, obwohl der alte Anstrich glänzend war.

Der Paravent macht sich hübsch vor einer einfarbigen Wand, vor der die Filigranarbeiten besonders gut zur Geltung kommen, oder vor einem zarten Vorhang oder Musselinstoff. Man kann ihn auch vor einem Fenster aufstellen. Durch das einfallende Licht spiegeln sich die Filigranarbeiten an der Wand.

Checkliste

- Matte Emulsionsfarbe auf Acryl- oder Wasserbasis in Mitternachtsblau (Man kann auch Sprayfarbe verwenden.)
- Motivstempel
- Stempelwalze oder Künstlerpinsel
- Goldene Wasser- oder Acrylfarbe
- Untertasse oder kleiner Behälter
- Vergoldercreme
- Polyurethanspraylack, seidenmatt
- Künstlerpinsel – Größe 8
- Malerpinsel, 40 mm
- Mittleres und feines Sandpapier

1 Vorbehandlung

Paravent mit mittlerem und feinem Sandpapier abschleifen, um dicke oder abgeblätterte Farbe zu entfernen. Mit einem trockenen Tuch abwischen und warmem Seifenwasser reinigen. An unzugänglichen Stellen eine alte Zahnbürste verwenden. Gut trocknen lassen.

• *Detail mit Sternen und Vergoldungen.*

• *Mitternachtsblau auftragen.*

2 Streichen des Paravents

Fußboden mit einer Plastikplane oder Zeitungspapier abdecken und den ganzen Paravent zweimal mit der mitternachtsblauen Farbe streichen. Für die Feinarbeiten einen Künstlerpinsel verwenden. Dazwischen trocknen lassen. Man kann den Paravent zum Streichen auflegen oder mit Sprayfarbe besprühen. Das sollte man allerdings nur im Freien oder in einem gut belüfteten Raum ausführen.

3 Auflegen des Motivs

Einfassung eines Paneels abmessen und die Abstände des Stempelmotivs berechnen. Nachdem die drei Paneele alle gleich groß sind, muß man die Berechnung nur einmal vornehmen.

4 Aufstempeln des Motivs

Paravent flach auflegen. Ein wenig Goldfarbe in eine Schüssel gießen. Die Walze mit Farbe bedecken und danach über den Stempel rollen. Den Stempel einfach auf die gewünschte Stelle drücken und mit einmal abheben. Besitzen Sie keine Stempelwalze und haben Sie den Stempel in einem Laden für Papierwaren oder Künstlerbedarf gekauft, die Goldfarbe einfach mit einem Künstlerpinsel auf den

• *Motiv aufstempeln.*

Stempel auftragen. Wenn das Motiv sehr kräftig ausfallen soll, den Stempel nach jedem Aufdrücken neu bestreichen. Ansonsten bestreichen Sie ihn nur neu, wenn dies erforderlich ist.

5 Betonen der Kanten

Ein wenig Vergoldercreme zwischen Daumen und Zeigefinger verreiben und damit über die Kanten und die Ausschnitte streichen. Trocknen lassen und polieren.

6 Lackanstrich

Paravent gleichmäßig mit seidenmattem Lack besprühen und gut trocknen lassen.

• *Vergoldercreme an den Rändern der Ausschnitte auftragen.*

Einen Motivstempel selbst herstellen

Checkliste

- Skalpell und Klinge
- Feiner Marker
- Stift
- Korken oder Kartoffel

Im Handel sind viele verschiedene Motivstempel sowie Stempelsets erhältlich. Einige Firmen stellen auf Anfrage auch individuelle Motive her. Stempel gibt es auch in Läden für Künstlerbedarf in vielen verschiedenen Farben und als Sets zusammen mit einer Gebrauchsanleitung.

Wenn Sie selbst auf billigere Art einen Stempel herstellen möchten, sehen Sie hier, wie man dies macht.

1 Entwurf des Motivs

Das Motiv auf die flache Seite eines Korken oder Kartoffels zeichnen – das Innere der Zeichnung stellt den erhabenen Teil dar.

2 Ausschneiden des Motivs

Mit dem Skalpell das Motiv entlang der Umrisse ausschneiden. Stempel ausprobieren und so lange verändern, bis die gewünschte Form erreicht ist.

• *Detail mit Goldengeln, die oben am Spiegel angebracht werden können.*

Spiegel mit Goldschablonen

Die Abmessungen dieses großen, alten Spiegels betragen rund 1,8 x 1,5 m. Der goldene Rahmen war schmutzig und beschädigt. Er hing in einem alten, verfallenen Haus, das ein Freund gekauft hatte, der den Wert des Spiegels nicht erkannte und ihn mir gerne überließ, als ich mein Interesse daran kundtat. Als er sah, was ich daraus gemacht hatte, meinte er im Scherz, daß er es bereute, mir dieses Stück überlassen zu haben. Der Spiegel zählt nun zu den interessantesten Stücken in meiner Wohnung.

Checkliste

- Eierschalfarbe für den Grundanstrich
- Kleine Dose mit Lasurmittel (oder Effektlasur)
- Sauberer Baumwollappen
- Plastikschablonenfolie
- Skalpell
- Goldener Schablonen-Stick (Ölkreide)
- Goldfarbe
- Schwarzes Universalfärbemittel
- Mehrere Pinsel
- Feines Sandpapier
- Testbenzin
- Kleiner Schablonenpinsel
- Kleiner Künstlerpinsel, flach, Größe 2
- Sprühkleber

1 Vorbehandlung des Rahmens

Rahmen mit schwacher Kernseifenlösung reinigen und schadhafte Stellen mit Universalkitt ausbessern. Mit feinem Sandpapier schleifen, bis die Oberfläche glatt ist.

2 Basisanstrich

Grundfarbe auswählen. (Ich verwendete weiße Eierschalfarbe, die ich mit ein paar Tropfen schwarzer Universalfarbe zu einem Hellgrau abtönte). Zweimal streichen.

3 Mischen und Wickeln der Lasur

Drei Teile Lasurmittel mit einem Teil Testbenzin mischen. Ein paar Tropfen schwarze Universalfarbe und ein wenig von der grauen Eierschalfarbe hinzufügen und gut verrühren. Die Lasur über dem Basisanstrich auftragen und wickeln, d. h. sofort mit einem zusammengeknüllten Lappen oder einer Plastiktüte abtupfen.

4 Anfertigen der Schablone

Ein kleines Lilien- und Sternenmotiv (siehe S. 107) auf Papier pausen und danach auf die matte Seite der Schablonenfolie übertragen. Anschließend die Motive mit der Skalpellklinge ausschneiden (man kann auch eine fertige Schablone kaufen).

• *Schablonenmotiv ausschneiden.*

5 Auftragen der Schablone

Die beiden Motive in gleichmäßigen Abständen mit goldener Ölkreide auf den Rahmen auftragen. Dabei die Gebrauchsanleitung beachten.

• *Schablone mit goldener Ölkreide auf den Rahmen malen.*

• *Goldenen Rand aufmalen.*

6 Der letzte Touch

Abschließend am äußeren Spiegelrand mit goldenem Lack eine dünne Linie ziehen.

Wäscheschrank mit Schnitzereien

Der Händler besaß diesen Schrank mit beschädigtem Rahmen schon seit längerem und reduzierte letztlich den Preis. Ich bemerkte, daß halbherzig versucht worden war, ihn zu reinigen und abzubeizen. Anhand einer herausgezogenen Schublade stellte ich fest, daß die Rückseite aus demselben Material wie die beschädigten Teile bestand, die ich damit ausbessern konnte. Ich bot dem Händler eine Summe an und konnte das Stück mitnehmen.
Meine Freundin Jane, deren Studium auch die Restauration von Möbeln beinhaltete, fertigte die fehlenden Teile an. Falls Sie niemanden kennen, wenden Sie sich an einen Tischler aus dem Branchenverzeichnis.
Der Schrank bestand aus drei verschiedenen Holzarten mit unterschiedlichen Maserungen. Ich beschloß daher, die hübschen Paneele und Einfassungen mit Kalkwachs zu betonen. Zuerst reinigte ich die Schnitzereien, die mit Schmutz und altem Wachs bedeckt waren.
Die Angeln schliff ich nur kurz mit feiner Stahlwolle ab.

Checkliste

- Kalkwachs
- Wachsfirnis und neutrales Möbelwachs
- Elektrische Schleifmaschine und/oder mittleres und feines Sandpapier
- Reinigungstuch
- Sauberes, fusselfreies Tuch
- Stahlwolle
- Künstlerpinsel, Größe 4
- Fitscher mit langem Griff

1 Abschleifen

Für die elektrische Schleifmaschine mittleres Sandpapier verwenden. Die Maschine an den Schubladen aufsetzen und entlang der Maserung horizontal vor- und zurück schleifen. Schleift man kreisförmig über die Maser, wird die Oberfläche beschädigt. Nachdem Schmutz und alter Lack entfernt worden sind, nochmals mit feinem Sandpapier schleifen, bis die Fläche glatt ist.

• Schubladen mit elektrischer Schleifmaschine bearbeiten.

• *Maserung öffnen.*

• *Mit dem Künstlerpinsel kalkwachsen.*

• *Überschüssiges Wachs abwischen.*

2 Öffnen der Poren
Die Poren der geschnitzten Teile mit einer Drahtbürste öffnen. Dabei mit der Bürste einmal schwungvoll in Richtung der Maser streichen. So kann das Kalkwachs gut ins Holz eindringen. Gut abwischen, um Staubpartikel zu entfernen.

3 Auftragen von Kalkwachs
Aufgrund der komplizierten Schnitzereien verwendete ich nicht wie üblich einen Lappen, um das Wachs ins Holz zu arbeiten, sondern tauchte einen Pinsel in Kalkwachs und strich damit über die Schnitzereien, besonders über Rillen und Ritzen. Vor dem nächsten Schritt nur zehn Minuten trocknen lassen.

4 Entfernen von Wachs
Mit dem sauberen, fusselfreien Lappen überschüssiges Kalkwachs von den erhabenen Teilen abwischen. In den Rillen, Ritzen und Rändern das Wachs stehen lassen. Dadurch entsteht der kalkige Effekt. Über Nacht gut aushärten lassen.

5 Wachsen und Polieren
Einen weichen, sauberen Lappen mit neutralem Wachs tränken, das an den gekalkten Stellen aufgetragen wird. Wachs rund 20 Minuten trocknen lassen und anschließend mit einem fusselfreien Lappen polieren, bis es zart glänzt. Wenn die gekalkten Stellen zu hell wirken, nochmals mit neutralem Wachs behandeln. Dadurch erscheint das Möbel dunkler und wirkt älter.

6 Wachsen der restlichen Teile
Wachsfirnis auf die restlichen Schrankteile auftragen und mindestens eine Stunde warten, bis sie vom Holz aufgesogen wurde. Danach vorsichtig polieren, bis sie glänzt. Dieser Vorgang muß nach einiger Zeit wiederholt werden, damit der Effekt gut wirkt. Darauf achten, daß keine Wachsfirnis auf die Schnitzereien kommt, da diese sich gelblich verfärben können.

• *Dieses Detail zeigt, wie die Maser durch das Kalkwachs verstärkt hervortritt.*

Schrank mit Cherubmotiv

Diese Art von Schrank ist sehr preisgünstig und in jedem Altwaren- oder Trödelladen erhältlich. Ursprünglich handelte es sich dabei um einen Männerschrank, heute besitzen Schränke für Kinder ein ähnliches Design. Der von mir gekaufte ist aus gutem Massivholz, besitzt auf einer Seite Regale und auf der anderen eine Kleiderstange, so daß er sich gut für ein Kinder- oder kleines Gästezimmer eignet. Damit die Schablonen gut zur Geltung kommen, sollten die Türen glatt sein. Ich arbeitete mit der Wickeltechnik. Das Cherubmotiv finden Sie auf S. 110. Ich entwarf eine zweiteilige Schablone – damit ein Effekt entsteht, der dem Bild mehr Tiefe und Ausdruck verleiht, wird eine über die andere gelegt. Zunächst wird die hellere Farbe aufgetragen, für die überlappende Schablone wird eine dunkle Farbe gewählt. Tragen Sie nicht zuviel Farbe auf, ein übermäßig getränkter Pinsel und dicke Farbe bewirken, daß sich das Motiv verwischt und der angestrebte weiche Effekt verlorengeht.
Um das Design abzurunden, kaufte ich in der Textilabteilung eines Kaufhauses zwei Silberquasten. Eignen sich die Griffe an Ihrem Schrank nicht zum Streichen, können Sie auch Glas- oder Silberknäufe kaufen oder andere Griffe, die das Design unterstreichen.

Checkliste

- Schablonenfilm und Overheadfolien-Stift
- Cherub-Schablone (s. S. 110)
- Schablonen-Sticks in Schwarz und Weiß
- Mittelgroßer Schablonenpinsel
- Transparente Öl- oder Acryllasur (oder Acrylfertigmischung)
- Testbenzin
- Baumwolle
- Heizkörperwalze mit Abdeckung für Ölfarbe
- Stupfbürste
- Eierschalfarbe für den Basisanstrich (Ich verwendete Pink)
- Maßband
- Sprühkleber
- Zwei Silberquasten
- Zwei Glasknäufe
- Farbschale
- Malerpinsel, 50 mm
- Schleifmaschine und/oder mittleres und feines Sandpapier
- Grundierung

1 Vorbehandlung
Alle Schrankflächen entlang der Maser mit der Maschine oder händisch abschleifen. Mit einem feuchten Tuch abwischen und trocknen lassen. Alte Griffe nach Möglichkeit entfernen, da sie beim Streichen hinderlich sind. Sollten die Griffe ausgewechselt werden, die nicht mehr benötigten Löcher jetzt füllen.

2 Auftragen des Basisanstrichs
Zuerst die Grundierung auftragen. Anschließend die Eierschalfarbe in die Schale gießen und mit der Heizkörperwalze auf allen Flächen auftragen. Falls erforderlich, Einfassungen mit einem kleinen Malerpinsel nachbessern. Entsprechend der Gebrauchsanweisung trocknen lassen und anschließend eine zweite Schicht auftragen. Falls die Farbe stellenweise zu dick oder verronnen ist, zwischen den Anstrichen mit feinem Sandpapier abschleifen.

• *Eierschalfarbe mit einer Heizkörperwalze auftragen.*

• *Lasur mit der Stupfbürste bearbeiten.*

3 Mischen der Lasur
Einen Löffel transparente Öllasur in eine Farbkanne geben und eine Tubenbreite schwarze Künstlerölfarbe hinzufügen. Verrühren, bis die Lasur glatt ist. Transparente Öllasur und Testbenzin nach und nach im Verhältnis zwei zu eins dazumischen und zusätzlich einen Löffel der Eierschalfarbe in Pink, bis für den gesamten Schrank genügend Farbe zur Verfügung steht. Die Konsistenz sollte wie Sahne sein. (Ich verwendete acht Löffel Lasur für dieses Projekt. Es ist besser, zuviel als zu wenig Farbe zu haben.)

4 Auftragen und Stupfen der Lasur
Den 50mm-Pinsel in die Lasur tauchen und gut mit Farbe tränken. Anschließend mit dem Pinsel über einen ganzen Schrankteil streichen. Dabei rasch arbeiten und nicht zu oft überstreichen. Die Lasur soll nicht trocknen, sondern wird mit der Stupfbürste bearbeitet. Dabei die Bürste abheben und nicht zu fest wieder aufsetzen, um die Pinselspuren zu vertreiben und einen feinen Sprenkeleffekt zu erzeugen. Wenn Sie keine Stupfbürste besitzen, stecken Sie eine saubere Abdeckung für Ölfarbe auf die Heizkörperwalze und rollen Sie vorsichtig über die Lasur, um die Pinselspuren zu vertreiben. Anschließend sofort zum nächsten Schritt übergehen.

• *Lasur wickeln.*

5 Wickeln

Die Baumwolle in große Lappen schneiden. Einen Lappen zusammenknüllen und drehen. Den Lappen in einer oberen Ecke aufsetzen und mit den Fingerspitzen über der Fläche abrollen. Dabei auf den Lappen drücken. Den Vorgang wiederholen und beim nächsten Mal leicht überlappend arbeiten, damit keine harten Ränder entstehen. Mindestens 24 Stunden trocknen lassen.

6 Herstellen der Cherub-Schablone

Um die Schablone einen Rand freilassen, der zum Mischen der Farben und zum Positionieren der Schablone verwendet werden kann. Die Folie über den ersten Teil des Motivs auf S. 110 legen und die Umrisse mit einem feinen Overheadfolien-Stift nachziehen. Mit dem Skalpell entlang der Umrisse ausschneiden ebenso wie die Kreise in den Ecken, die zum Positionieren der zweiten Schablone über der ersten dienen. Auf einem anderen Folienstück den zweiten Teil der Vorlage ebenso ausschneiden.

7 Schablonieren des Motivs – 1. Teil

Schrankmitte ausmessen und von den Türgriffen ausgehend den ersten Teil der Schablone, die auf der verkehrten Seite mit Kleber besprüht wird, aufkleben. Zurücktreten und Position der Schablone prüfen und eventuell korrigieren. Die Verpackung der Schablonen-Sticks aufreißen (Gebrauchsanweisung beachten). Etwas Schwarz und Weiß auf den freigelassenen Folienrand geben, und zu einem hellen Grau mischen. Farbe mit dem Schablonenpinsel aufnehmen und kreisförmig auf alle ausgeschnitten Schablonenteile stupfen. Die Markierungen ebenfalls mit Farbe bedecken. Anschließend Schablone vorsichtig abheben.

• *Ersten Teil des Motivs mit hellgrauer Farbe schablonieren.*

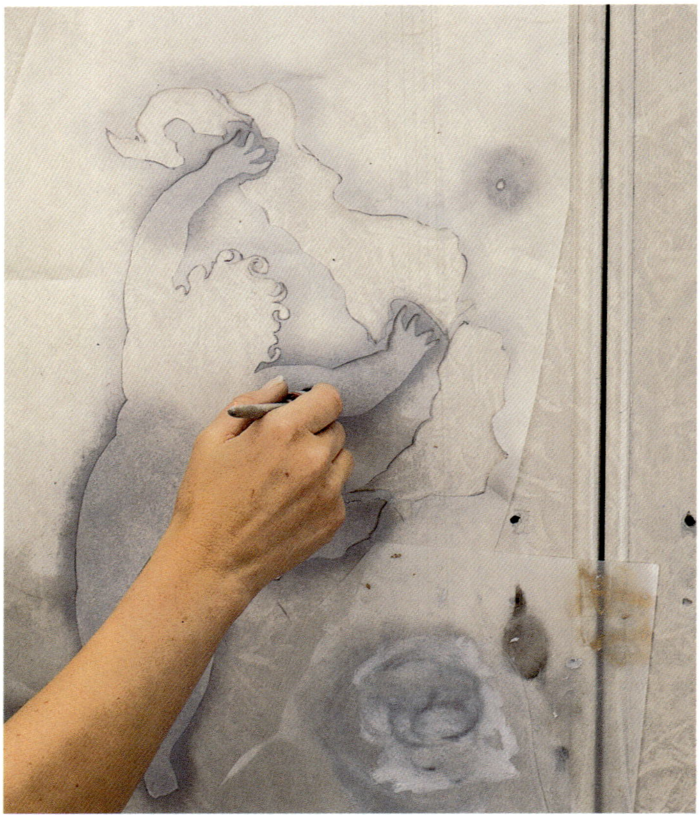

8 Schablonieren des Motivs – 2. Teil

Den 2. Teil der Schablone besprühen, auf den Schrank kleben und mit Hilfe der Markierungen ausrichten. Die Schablonenfarben wie zuvor mischen, diesmal jedoch zu einem dunklen Grau. Etwas Schwarz zurückhalten, um damit kleine Bereiche zu betonen. Alle ausgeschnittenen Stellen mit Dunkelgrau bedecken, an einigen Stellen ein wenig schwarze Farbe aufstupfen. Schablone abheben. Die Markierungskreise abwischen. Die Schablone mit einem sauberen Lappen und Testbenzin reinigen und trocknen lassen. Den Vorgang bei der anderen Schranktüre wiederholen, dabei die Schablone umdrehen und wieder der Anleitung für beide Teile folgen. Anschließend die Markierungen abwischen und mindestens 24 Stunden gut trocknen lassen.

9 Auftragen der Acryllasur

Abschließend mit dem Acrylpinsel zwei Schichten seidenmatte Acryllasur auftragen. Die Lasur wirkt zuerst milchig, wird beim Trocknen aber transparent. Nicht zu oft überstreichen, denn die Lasur trocknet sehr rasch. Zwischen den Anstrichen entsprechend der Gebrauchsanweisung trocknen lassen.

• Zweiten Teil des Motivs mit Dunkelgrau schablonieren.

• Detail mit den dunkel schablonierten Teilen des Engels.

• Ansicht des fertigen Engels.

DOUBLE DECKER BUS

Bett mit Spielzeugsoldaten

Ich beschloß, ein Kinderbett mit Découpage zu gestalten, um zu zeigen, daß sich jedes Bild für diese Arbeiten verwenden läßt, nicht nur die üblichen Rosen und andere altmodische Motive. Eine Zeitlang suchte ich nach einem passenden Kopfbrett, bis ich auf dieses ziemlich alte, geschwungene Modell stieß, das Teil eines kompletten Bettes war. Die Form des Kopfbretts inspirierte mich, das Kinderlied »Grand Old Duke of York« zu illustrieren, da ich die Soldaten auf dem Brett buchstäblich hügelan und hügelab marschieren lassen konnte.

Ich bat meine Freundin Christine, eine Klavierlehrerin, einige Musiknoten aufzuzeichnen. Mein Vater, der Aquarellmaler ist, verbrachte mit meiner Tochter einen vergnüglichen Nachmittag mit dem Zeichnen und Malen der Soldaten, die ich in einen Kopierladen brachte, wo ich sie vergrößern und kopieren ließ, bis ich eine ganze Armee beisammen hatte. Die Noten kopierte ich auf cremefarbenes Papier.

Als Grundanstrich für das Kopfbrett sollte man eine ganz helle Farbe wählen, da die Découpage mehrmals lackiert werden muß, wodurch der Anstrich eher gelbstichig wird.

Checkliste

- Möbelreinigungsmittel
- Notenblatt
- Künstlerleim und -pinsel
- Acryl - oder Öllack
- Lackpinsel
- Klebepads
- Emulsion oder Eierschalfarbe für den Grundanstrich
- Malerpinsel
- Kleine Schere
- Teebeutel
- Weicher, sauberer Lappen
- Holzversiegeler/Grundierung

(Alle Farben und Lacke sind auch als ungiftige Produkte erhältlich, die speziell für Kindermöbel geeignet sind.)

• *Basisanstrich auftragen.*

1 Vorbehandlung

Kopfbrett abschleifen und mit dem Möbelreinigungsmittel Schmutz und alten Lack entfernen. Mit einem trockenen Lappen abwischen. Nach dem Trocknen Versiegeler auftragen.

2 Auftragen des Grundanstrichs

Kopfbrett und Bettfüße (falls vorhanden) zweimal streichen und dazwischen jedesmal entsprechend der Gebrauchsanweisung trocknen lassen. Entlang der Außenkante einen hellroten Rand ziehen.

3 Kopieren der Bilder

Spielzeugsoldaten auf weißes Papier zeichnen oder malen. Mit einem Farbkopierer so viele wie möglich auf ein Blatt kopieren. Man kann auch Bilder sammeln, Musiknoten kopieren oder zeichnen und auf cremefarbenes Papier kopieren lassen oder Originalnoten verwenden.

• *Spielzeugsoldaten aus Papier ausschneiden.*

4 Ausschneiden der Bilder

Die Soldaten vorsichtig ausschneiden. Für die Mitte einen Soldaten hoch zu Roß, einige Trommler, Gewehrträger und weitere Reiter. Die Kanten der Notenblätter mit der Schere abrunden, daß sie wie alte Manuskripte wirken.

5 Antikisieren der Noten

Mit einem feuchten, warmen, intakten Teebeutel über die Ränder der Notenblätter streichen. An manchen Stellen über das ganze Blatt fahren. So wirken die Blätter vergilbt und wirklich alt. Papier gut trocknen lassen.

• *Mit einem Teebeutel über die Ränder der Notenblätter streichen.*

• *Soldaten mit Klebepads positionieren.*

• *Motive aufkleben.*

6 Positionieren der Bilder

Es empfiehl sich, die Figuren und Noten erst mit Klebepads zu befestigen, zurückzutreten und das ganze Bild zu betrachten. Mitunter muß die Lage einiger Teile verändert werden. Die Höhe von Matratze und Kissen muß man ebenfalls berücksichtigen, damit nicht der Großteil des Bildes verdeckt wird, wenn das Bett gemacht ist.

Wenn Sie mit dem Gesamteffekt zufrieden sind, streichen Sie Leim auf die Rückseite der Bilder. Dabei die Ränder nicht vergessen. Die Bilder andrücken, mit einem Lappen glattstreichen und überschüssigen Leim entfernen. Trocknen lassen.

• *Découpage lackieren.*

7 Lackieren

Bei traditionellen Découpagearbeiten wird rund ein Dutzend Lackschichten aufgetragen, bis Papier und Farbe nahtlos ineinander übergehen. Das Kopfbrett muß mindestens dreimal mit gutem Klarlack gestrichen werden, damit die Motive gut haften und zur Gänze bedeckt sind.

Weitere Schichten können nach Belieben aufgetragen werden. Dazwischen jedesmal entsprechend der Gebrauchsanweisung trocknen lassen.

Terrakottavase mit Mosaiken

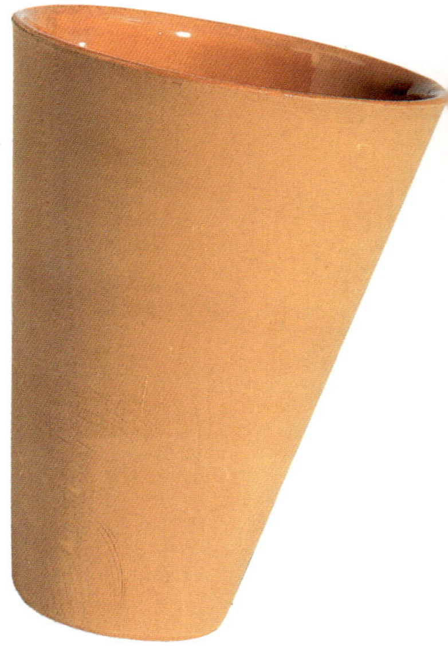

Diese Terrakottavase kaufte ich von einer Wohltätigkeitsorganisation. Ich wollte sie in ein ungewöhnliches, hohes Gefäß für große Naturblumen-Arrangements und langstielige Blumen verwandeln. In einem Stuckladen entdeckte ich die beiden kleinen Gipsengel, die sehr gut zur Vase paßten und die ich mit der Grünspantechnik bearbeiten wollte. Solche Elemente sind jedoch auch fertig zu kaufen, mit künstlichem Grünspan oder vergoldet, und zwar in Spezialläden, Gartenzentren sowie auf Floh- und Weihnachtsmärkten. Es gibt verschiedene dekorative Stuckelemente.

Ich besaß bereits ein kleines Mosaikblatt und suchte bunte Glassteine aus, die mit diesem harmonierten. Mosaikziegel sind bei Ziegelhändlern oder Versandhäusern erhältlich. Man kann jedoch auch selbst Ziegel oder Keramik zerschneiden. Da Sie nur eine sehr geringe Menge brauchen, können Sie ein auslaufendes Design wählen, das meist günstiger zu erstehen ist.

Bevor Sie Material sammeln, benötigen Sie eine Vorstellung vom Design. Um die Wirkung zu beurteilen, fixieren Sie die Elemente erst mit Klebepads. Für die endgültige Befestigung verwenden Sie eine Mörtelmischung. Dabei müssen Sie den Überschuß gut von den Steinen abwischen. Das Umgruppieren von Steinen erfolgt, bevor der Mörtel zu trocknen beginnt. Es ist sehr schwierig, nach dem Trocknen noch etwas zu verändern. Wenn Sie Ziegel zu Mosaiksteinen zerschneiden möchten, können Sie in einem Bastlerladen einen günstigen Ziegelschneider erstehen.

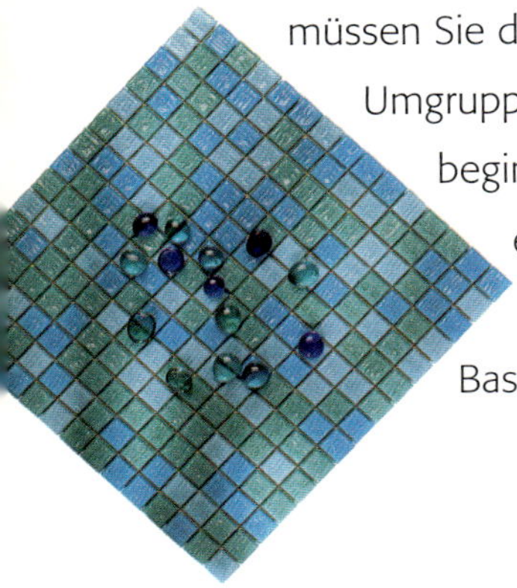

Checkliste

- Weicher Lappen oder Schwamm
- Wasserfester PVA-Kleber oder Ziegelkleber
- Ziegelschneider
- Mörtel
- 4 Gipsengel mit Grünspan
- Mosaiksteine
- Dekorative Glaselemente

• Engel auf die Vase kleben.

1 Ankleben der dekorativen Elemente

Alle Flächen müssen sauber, intakt und staubfrei sein. Die vier Engel werden mit PVA-Kleber bestrichen und in gleichmäßigen Abständen am Vasenrand aufgeklebt.

• *Mosaiksteine schneiden.*

2 Vorbehandlung für das Mosaik

Es wirkt besser, wenn die Mosaiksteine diagonal oder bogenförmig angebracht werden. Mit dem Ziegelschneider auch Dreiecke, kleine Rechtecke und Stückchen schneiden, die um die Engel aufgeklebt werden und an anderen Stellen, die nicht Teil des Musters sind (siehe Foto).

• *Mosaiksteine auf der Vase fixieren.*

3 Mörteln

Einen kleinen Teil der Vase mit Mörtel bedecken. Die Mosaiksteine wie oben beschrieben anlegen. Auch in den Spalten zwischen den Steinen muß sich genügend Mörtel befinden. Überschüssigen Mörtel mit einem feuchten Lappen oder Schwamm abwischen. Auf diese Weise weiterarbeiten, bis die ganze Vase bedeckt ist. Entsprechend der Gebrauchsanweisung trocknen lassen.

4 Der letzte Touch

Die Glaselemente mit PVA-Kleber am Vasenrand befestigen und trocknen lassen. Mosaik mit einem sauberen, fusselfreien Lappen abwischen.

• *Mit einem feuchten Schwamm Mörtel zwischen den Mosaiksteinen verstreichen.*

Beschriftete Lampenschirme

Es ist nicht schwierig, Lampenschirme neu zu gestalten. Man braucht dazu nichts weiter als einen goldenen Lackmalstift, einen Strang Gartenraphia und Siegelwachs, um den Effekt abzurunden. Die vielen aktuellen Textil- und Porzellandesigns mit Beschriftungen in verschiedenen Sprachen haben mich zu diesem Projekt inspiriert. Ich entdeckte die Lampenschirme auf einem Garagenmarkt und fand, daß sie wunderbar zu meinen großen, schwarzen Nachttischlampen aus Gußeisen paßten. Ich probierte dieses Design zum ersten Mal aus und war mit dem Ergebnis sehr zufrieden.

Es gibt viele Bücher über Handschriften, und es lohnt sich, in Museen alte Bücher, Schriftrollen und Wandmanuskripte anzusehen, um sich inspirieren zu lassen. In fremdsprachigen Wörterbüchern findet man oft verwendbare Phrasen. Sind Sie im Entwerfen handschriftlicher Motive noch unerfahren, dann üben Sie auf Papier, bevor Sie den Lampenschirm beschriften.

Ich kaufte Siegelwachs in einem Schreibwarenladen, doch es gibt auch Sets mit persönlichem Siegel und Siegelwachs. Mein Siegel stellte ich her, indem ich eine alte, italienische Münze auf einen Bolzen klebte und später wieder abnahm. In vielen Altwarenläden findet man zahlreiche interessante alte Siegel.

Checkliste

- Spraydose mit Goldfarbe
- Feiner, goldener Lackmalstift
- Ein Knäuel Raphia (in Gartenzentren erhältlich)
- Künstlerleim oder Klebepistole
- Zeichenpapier oder Klebefolie
- Skalpell
- Siegel und Siegelwachs

1 Aufsprühen der Farbe

Die Goldfarbe auf die Innenseite des Lampenschirms sprühen. Die Farbe soll nicht auf die Außenseite gelangen. Gut trocknen lassen. Die umliegenden Flächen müssen mit Papier oder Plastikfolie abgedeckt werden. Nur in einem gut belüfteten Raum oder im Freien sprühen.

2 Beschriftung

Wenn Sie die Wörter und den Stil für die Beschriftung gefunden haben, üben Sie mit dem Lackmalstift und tragen Sie dann Sätze und einzelne Satzelemente auf Klebefolie auf. So kann man die geeignete Position und den richtigen Winkel auf dem Lampenschirm finden. Die Stifte müssen gut geschüttelt werden (dabei den Stift nur auf eine abgedeckte Fläche richten) und danach mit der Spitze auf das Papier gedrückt werden, bis die goldene Farbe herausfließt. Wenn keine Farbe mehr austritt, Stift erneut schütteln und Spitze aufdrücken.

la vie
Migliori

• *Beschriftung mit Lackmalstift auf den Lampenschirm auftragen.*

3 Beschriftung des Schirms

Nach dem Auswählen und Üben der Schrift den Stift schütteln und damit vorsichtig direkt auf den Schirm schreiben. Es sieht gut aus, wenn beim Schütteln etwas Goldfarbe auf den Schirm spritzt.

• *Siegel auf einem Papier auftragen.*

4 Vorbereitung der Raphia

Sechs Raphiastränge abschneiden, die jeweils ungefähr doppelt so lang sind wie der untere Lampenschirmradius. An einem Ende befestigen und je drei Doppelstränge flechten. Das Zöpfchen muß um den unteren Rand des Lampenschirms passen und noch etwas überstehen (siehe Foto). Den Zopf ankleben und die Enden zerfransen. Ein Ende ankleben und ca. 3 cm über das andere überstehen lassen. Den oberen Rand ebenso mit einem Zöpfchen dekorieren, jedoch ohne die Enden überlappen und abstehen zu lassen. Enden einfach abschneiden und ankleben, so daß eine nahtlose Verbindung entsteht. Gelingt dies nicht, kann man ein zweites Siegel anbringen.

5 Auftragen des Siegels

Siegelwachs am Docht entzünden und auf ein Papier tropfen lassen. Das Siegel fest ins heiße Wachs pressen und rasch wieder abnehmen. Wenn das Wachs fest ist, kann es mit dem Skalpell zusammen mit dem Papier ausgeschnitten werden; dadurch springt es nicht. Über die Enden des Raphiazöpfchens kleben (siehe Abbildung). Da das Siegel auf Papier fixiert ist, kann der Lampenschirm nicht beschädigt werden, falls der Effekt mißlingen sollte.

• *Raphiazöpfchen flechten.*

• *Raphiazöpfchen an den oberen Rand des Lampenschirms kleben.*

Malachit-Kästchen

Solche Holzkästchen sind oft preisgünstig zu kaufen. Ich habe schon ziemlich viele in Trödelläden und auf Flohmärkten gefunden. Wein und Tabakwaren werden oft in Holzkisten verschenkt, die man vielfältig gestalten kann. Das Kästchen für dieses Projekt entdeckte ich auf einem Flohmarkt. Ein älterer Herr hatte alle möglichen Holzteile zu Kästchen verarbeitet, die er sehr preisgünstig verkaufte. Holzqualität und Verarbeitung schienen sehr gut, Kanten und Ecken waren jedoch ziemlich rauh. Das Kästchen war unbehandelt und konnte daher besonders gut mit einer Technik veredelt werden. Oft stieß ich auf kleinere Gegenstände, wie beispielsweise Holzkästchen, obwohl ich eigentlich auf der Suche nach größeren Stücken war. Wenn der Anstrich schlecht oder die Oberfläche etwas beschädigt ist, lohnt es sich, genau zu untersuchen, ob man sie nicht eventuell abziehen und reparieren kann.
Kästchen können auf viele verschiedenen Arten gestaltet werden, etwa mit Schablonenarbeiten, Handmalereien, Découpage, Mal- und Antikisierungstechniken. Malachit hat mir schon immer gefallen, daher beschloß ich, das Kästchen auf diese Weise zu veredeln und als Geschenk für einen besonderen Anlaß herzurichten. Der am Anfang aufgetragene Gesso füllt die Maser auf und verleiht den Glanz eines polierten Steines.
Gesso wird als Vorbehandlung bei der Wasservergoldung eingesetzt, ebenso als Untergrund für Möbelanstriche, die besonders glatt werden sollen. Er besteht aus Hasenleim und Vergolder-Schlämmkreide. Obwohl bei dieser Technik die verschiedensten Materialien, zahlreiche Arbeitsgänge und viel Geduld erforderlich sind, lohnt sich das Ergebnis allemal.

Checkliste

- Eierschalfarbe auf Ölbasis in hellem Meergrün
- Transparente Öllasur
- Künstlerölfarben aus der Tube – Viridian und Siena gebrannt
- Rohes Leinöl, Testbenzin und flüssige Trockner (so mischt man Gilp: 1 Teil Leinöl, 2 Teile Testbenzin und 5 Tropfen Trocknungsmittel)
- Lineal
- Sauberer Lappen
- Feines Glaspapier
- Kleiner Pinsel

Materialien für die Herstellung von Gesso:

- Hasenleim
- Vergolder-Schlämmkreide
- Sieb
- Pfanne
- In die Pfanne passender Topf
- Weicher Pinsel oder Schwamm zum Auftragen des Gesso

1 Vorbehandlung

Deckel und Scharniere nach Möglichkeit abnehmen, damit alle Stellen gleichmäßig bearbeitet werden können. Falls ein Schloß vorhanden ist, dieses ebenfalls entfernen. Die Flächen gut mit Glaspapier abschleifen und mit einem weichen, trockenen Lappen abwischen, um Sägemehlpartikel zu entfernen.

2 Herstellung des Gesso

Gesso wird aus Hasenleim und Wasser im Verhältnis eins zu sechzehn (volumensmäßig) gemischt. Die Schlämmkreide wird später hinzugefügt.

Den Leim und sechs Teile Wasser in einen passenden Behälter füllen und zwei Stunden stehen lassen. Anschließend das übrige Wasser hinzufügen, den Topf in eine Pfanne mit heißem Wasser stellen und die Mischung bei geringer Hitze schmelzen lassen. Von der Flamme nehmen und etwas Leim für Schritt 3 aufheben. Zum restlichen warmen Leim so viel Schlämmkreide hinzufügen, bis sie bis ca. 6 mm unter der Oberfläche steht. Danach vorsichtig verrühren. Die Konsistenz sollte der von Sahne gleichen. Über Nacht im Kühlschrank lassen, damit die im Gesso eingeschlossene Luft entweichen kann.

• *Trockenen Gesso abschleifen.*

3 Auftragen des Gesso

Mit einem Pinsel den noch nicht verarbeiteten Leim auftragen und über Nacht trocknen lassen. Gesso in einer Pfanne mit heißem Wasser bei geringer Hitze bis maximal Körpertemperatur erhitzen und danach mit einem weichen Pinsel und raschen, geraden Pinselstrichen auftragen. Sobald die Fläche nicht mehr glänzt, die nächste Gessoschicht mit dem weichen Pinsel aufstupfen. Der Gesso sollte Körpertemperatur aufweisen. Nach dem Verschwinden des Glanzes weitere Schichten auftragen, dabei jede zweite Schicht aufstupfen, insgesamt mindestens fünf Schichten. 24 Stunden trocknen lassen. Die Flächen mit feinem Glaspapier abschleifen, bis sie glatt sind – führen Sie diese Arbeit an einem leicht zu säubernden Ort durch.

• *Gesso mit raschen, geraden Pinselstrichen auftragen.*

4 Versiegeln des Gesso

Versiegeler oder Grundierung aus einem Teil (volumensmäßig) Lack, einem Teil (volumensmäßig) Testbenzin und einem halben Teil (volumensmäßig) rohem Leinöl auftragen und über Nacht trocknen lassen.

5 Schleifen

Alle Flächen mit feinem Glaspapier zart schleifen. Anschließend mindestens zwei Schichten Eierschalfarbe auf Ölbasis in hellem Meergrün auftragen und jedesmal über Nacht trocknen lassen und mit feinem Glaspapier zart schleifen.

6 Entwurf der Malachitimitation

Mit einem kleinen Lineal und einem Bleistift unregelmäßige Abschnitte einzeichnen.

7 Mischen der Farbe

Aus transparenter Öllasur und Viridian-Pigment ein sattes Grün mischen. Die Farbe mit einem Hauch Siena gebrannt abtönen, damit sie nicht zu blaustichig wird. Gilp aus 1 Teil Öl, 2 Teilen Testbenzin und 5 Tropfen Trocknungsmittel mischen. Anschließend die Lasur mit etwas Gilp verdünnen.

• *Eierschalfarbe auf Ölbasis in hellem Meergrün auftragen.*

• *Mit einem Lineal unregelmäßige Abschnitte einzeichnen.*

• *Mit einem Stückchen Karton den Malachit imitieren.*

• *Ränder mit einem sauberen Lappen abwischen, damit die Konturen präzise aussehen.*

8 Auftragen der Lasur

Mit einem Malerpinsel die Lasur an den Stellen auftragen, die nicht aneinandergrenzen. Mit dem Lineal ein Stück Kartonpapier abtrennen, das etwas größer ist als die gekennzeichnete Stelle. Diesen Karton abgesetzt durch die Lasur ziehen, um die charakteristischen Schwünge und Bögen von echtem Malachit zu imitieren. In jedem Abschnitt die Zugrichtung ändern, damit der Effekt echt wirkt. Mit dem Lineal und einem sauberen Lappen überschüssige Lasur an den Rändern abwischen, damit die Konturen präzise werden. Die Lasur über Nacht gut trocknen lassen. Am nächsten Tag die restlichen Abschnitte bearbeiten, die Ränder wieder abwischen. Über Nacht trocknen lassen. Die Malachitimitation immer wieder auftragen, bis das gesamte Kästchen damit bedeckt ist.

9 Der letzte Touch

Das Kästchen mit einem trockenen, sauberen Lappen abwischen. Eine Schicht glänzenden Lack auftragen und über Nacht trocknen lassen. Anschließend mit feinem Glaspapier zart abschleifen. Diesen Vorgang wiederholen, bis der Anstrich stark glänzt. Wahrscheinlich sind mehrere Lackschichten erforderlich. DIE LETZTE SCHICHT NICHT ABSCHLEIFEN. Dazwischen jedesmal entsprechend der Gebrauchsanweisung trocknen lassen.

• *Kästchen glänzend lackieren.*

10 Die Innenseite

An der Innenseite kann das Kästchen gestrichen oder mit einem Stoff Ihrer Wahl ausgelegt werden.

Vorlagen

• *Vitrine mit Glasfront*

• *Vitrine mit Glasfront*

• *Schreibschrank mit Heraldikmotiven*

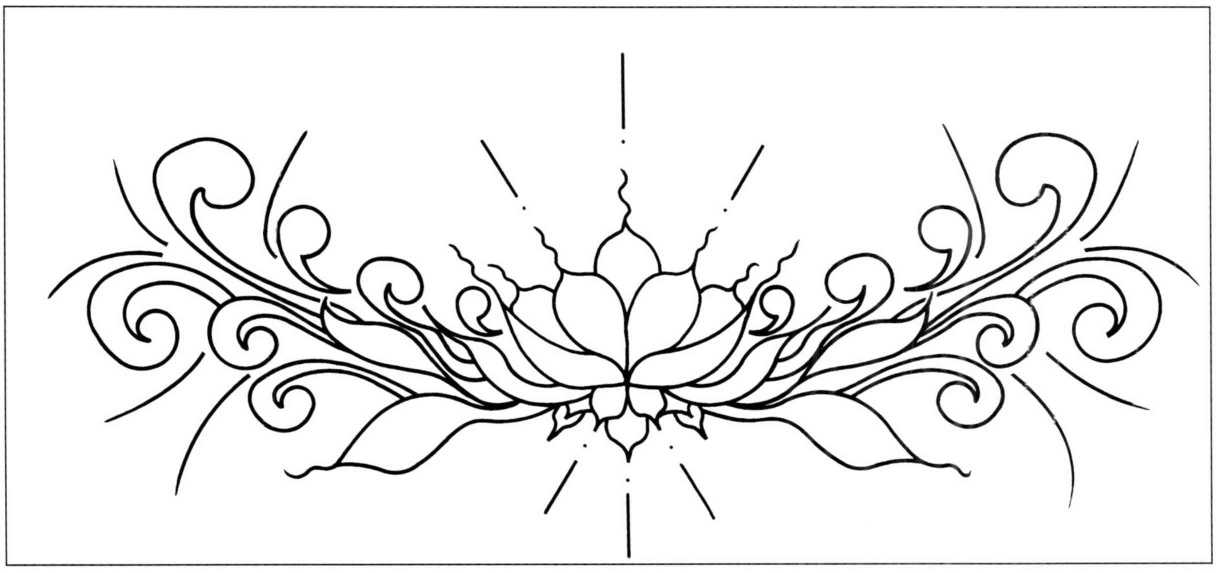

• *Karaffe mit Gläsern & Spiegelschablonen*

• *Skandinavischer Stuhl mit Volute & Schrank und Kopfbrett*

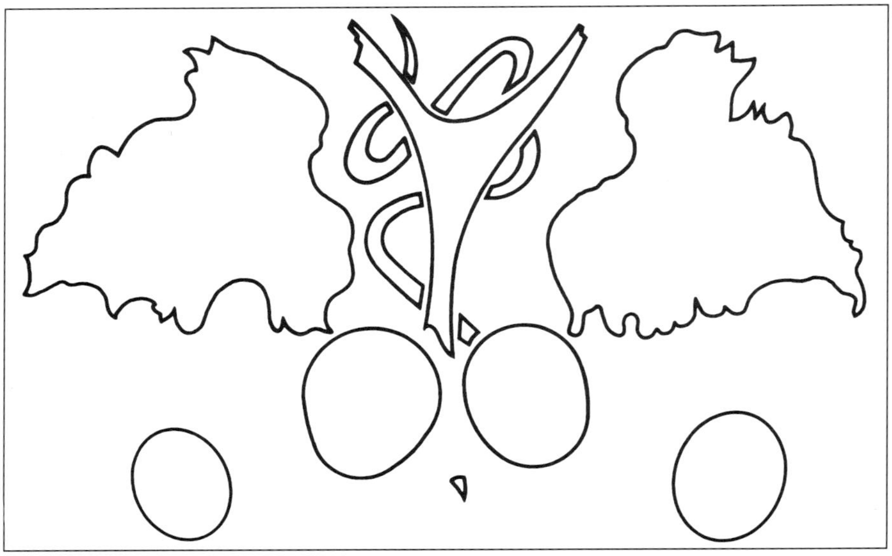

• *Tisch mit Weinranken*

• *Tisch mit Weinranken*

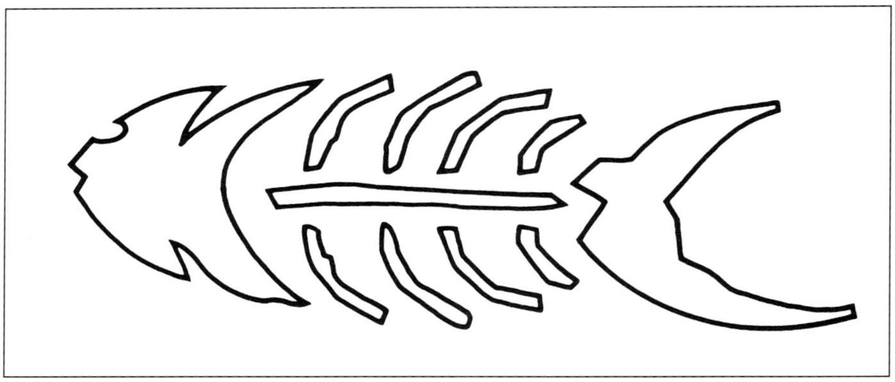

• *Badezimmerschrank*

• *Badezimmerschrank*

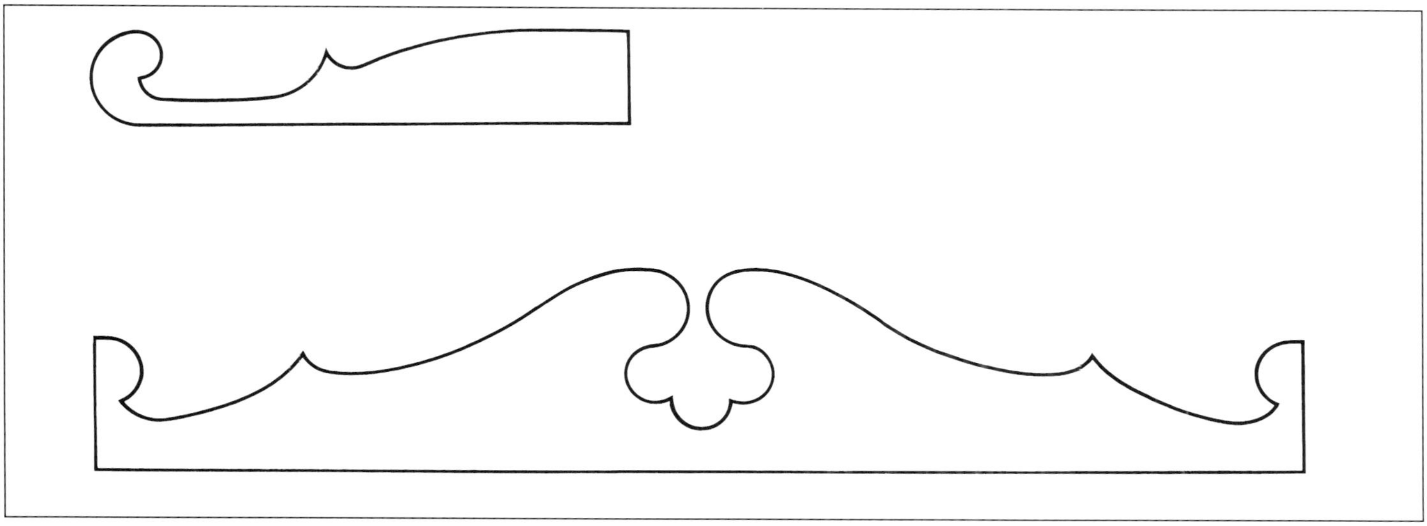

• *Kleiderschrank und Kopfbrett (volutenförmiger Aufsatz)*

• *Fernöstlicher Lackstuhl*

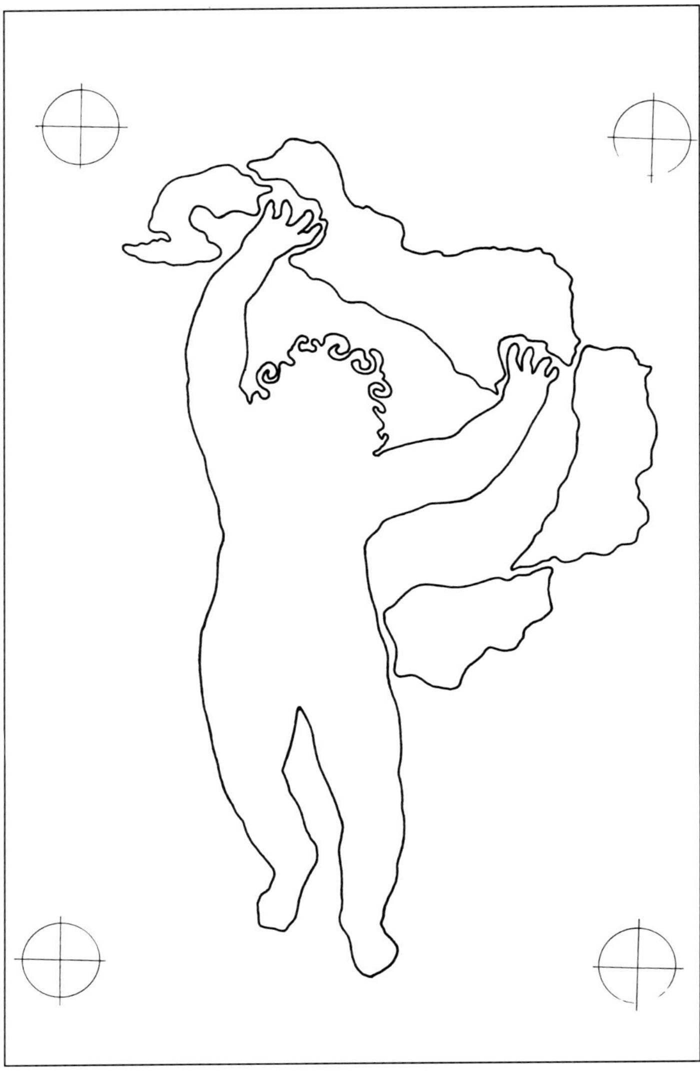

• *1. Teil der Schablone für den Schrank mit Cherubmotiv*

• *2. Teil der Schablone für den Schrank mit Cherubmotiv*

• *Fernöstlicher Lackstuhl*

Register

Danksagung

Den folgenden Firmen, die mich mit Material, Farben und Möbeln ausgestattet und mit Rat und Tat unterstützt haben, meinen Dank:

Ariel Press, London; Bargain Hunters, London; Oliver Bonas, London; Chancellor's Church Furnishing, London; Cologne and Cotton, London; Damask, London; Elephant, London; Finewood Floors Limited, London; Jali, Canterbury/Kent; Jerrys Home Store, London; David Luckhurst, London; McCloud & Co, London; The Pier, London; Plasticote, Sawston/Cambridgeshire; Relics, Witney/Oxfordshire; Winsor and Newton, Harrow/Middlesex.

Kreative Gestaltungsideen

Bill Laws
Landhaus-Träume
Die schönsten Landhäuser von England bis USA, von Skandinavien bis Griechenland – mit faszinierenden Farbfotos, typischen Gestaltungselementen und der passenden Inneneinrichtung.

Emma-Louise O'Reilly
Landhaus-Romantik
Kreative Ideen, die Atmosphäre schaffen – mit vielen inspirierenden Fotos und stimmungsvollen Beispielen für die harmonische Gestaltung von Innenräumen, Terrassen und Gärten.

Kevin McCloud
Kreative Raumgestaltung
Exquisite Wohnideen, die Atmosphäre schaffen und Akzente setzen: Grundlagen, Werkzeuge, Materialien und eine Fülle von kreativen Vorschlägen für dekorative Effekte mit Schritt-für-Schritt-Anleitungen.

Sybil Edwards/Chris Moore/Lynette Bleiler
Die Kunst der Bauernmalerei
Ansprechend gestaltetes, aufwendig ausgestattetes Arbeitsbuch: Objekte mit floralen und klassischen Mustern, Tiermotiven und Ornamenten verschönern – mit vielen Beispielen, genauer Darstellung der Pinselstrichtechniken und Schritt-für-Schritt-Anleitungen.

Linda Seward
Quilts
Amerikanische Quilts von einzigartiger Schönheit und kleinere Objekte in Quiltoptik mit umfassenden Anleitungen für Anfänger und Geübte, hübschen Schritt-für-Schritt-Zeichnungen, Schablonen in Originalgröße sowie Quiltvorlagen zum Abpausen.

Liz Wagstaff
Farbe und Wohnen
Attraktive Farbenspiele und Veredelungstechniken für ein ganz persönliches Ambiente: Materialien, Werkzeuge, Grundtechniken und Oberflächenvorbereitung sowie Maltechniken Schritt für Schritt mit Farbvarianten und außergewöhnlichen Effekten.

Im BLV Verlag finden Sie Bücher zu folgenden Themen: Garten und Zimmerpflanzen • Wohnen und Gestalten • Natur • Heimtiere • Jagd • Angeln • Pferde und Reiten • Sport und Fitneß • Tauchen • Reise • Wandern, Alpinismus, Abenteuer • Essen und Trinken • Gesundheit und Wohlbefinden

BLV

Wenn Sie ausführliche Informationen wünschen, schreiben Sie bitte an:
BLV Verlagsgesellschaft mbH • Postfach 40 03 20 • 80703 München
Telefon 089/12705-0 • Telefax 089/12705-543

29,90/97